Adicción, procrastinación y pereza:

una guía proactiva a la psicología de la motivación

por
Roman Gelperin

traducido al español por
Juan de Dios Casquero Ruiz

Adicción, procrastinación y pereza: una guía proactiva a la psicología de la motivación, por Roman Gelperin

Traducido al español por Juan de Dios Casquero Ruiz

Titulo original: Addiction, Procrastination, and Laziness: A Proactive Guide to the Psychology of Motivation

ISBN: 9781694389091

Tabla de Contenidos

Introducción 1

Capítulo 2: Anomalías en el comportamiento humano 2

Procrastinación...2

Pérdida de motivación..5

Adicción al tabaco...5

Adicción a los videojuegos 6

Abandono al sueño..9

Capítulo 2: Cómo desentrañar el misterio..............................11

El Acto y el Resultado..11

Cuando el valor del Resultado supera al valor del Acto 12

Anticipación del Acto y el Resultado..13

Actividades presentes versus consecuencias futuras 14

La energía de activación para comenzar una actividad...............16

La descripción de nuestro problema hasta el momento.............18

Capítulo 3: La naturaleza psicológica de la motivación..........21

La motivación de buscar placer...24

La Ubicuidad del Placer y el Desagrado como Motivación 27

El placer inconsciente en los animales 29

La dinámica del placer inconsciente...33

Atención y el placer Inconsciente 35

Atención y Fuerza de Voluntad...38

Capítulo 4: Cómo funciona el placer inconsciente 40

Motivación del desagrado versus motivación del placer 41

El placer procedente de diversas fuentes 43

El placer es relativo 45

El placer en las actividades 46

Emociones placenteras 48

El factor social 49

Capítulo 5: El marco mental de la motivación 51

Las tres partes de una actividad prevista 51

Motivación para continuar la actividad actual vs. comenzar una nueva actividad 58

El papel de la fuerza de voluntad 61

Capítulo 6: Las estrategias en nuestra caja de herramientas .. 67

La insatisfacción de una conciencia culpable 67

Teniendo el fin en la mente 69

No sopese los pros y los contras 69

El poder del hábito y la asociación 71

Controlando el medio en que nos movemos 72

Empleando la motivación social 83

Dividiendo su atención 84

Dirigiendo su atención 86

Empleando la emoción 87

El poder de la imaginación 88

Cafeína y otras drogas 90

Frustrar una necesidad 91

Controle su capacidad de atención 92

Comience el día con placeres limitados 93

Usando recordatorios físicos 94

Capítulo 7: Aplicando lo que aprendimos 97

El procrastinador 97

La asistente al gimnasio.. 101

El fumador.. 104

El videojugador empedernido...................................... 109

El dormilón... 113

Conclusión 122

Introducción

Escribí este pequeño libro allá por el año 2013 después de darme mil cabezazos contra el muro de mis problemas de motivación para, finalmente, acceder a su total comprensión y control. Decidí resolver esos asuntos del mismo modo en que manejo, y recomiendo hacerlo, todos los problemas psicológicos, es decir, a través de la introspección, que supone prestar atención a los sutiles movimientos de la mente, identificando la raíces del problema y percibiendo su correspondiente solución.

Este libro se ha diseñado como un manual de autoayuda, y su objetivo es tratar los problemas más comunes existentes en el mundo de hoy, con los que se encuentran antes o después la mayor parte de las personas, pero que pueden resolverse con facilidad mediante la comprensión de la propia mente. Excepto abandonar el tabaco, he experimentado por mi mismo todos los problemas motivacionales descritos en este libro.

Los cinco ejemplos del Capítulo 1 están construidos a partir de mis propias experiencias personales y de una extensa y profunda observación de la gente de mi entorno, a quien he visto luchando contra los mismos retos. En lo referente al ejemplo del abandono del tabaco, debo decir que nunca fui adicto a su consumo y, por lo tanto, nunca necesité abandonarlo. Ahora bien, a partir de innumerables observaciones de fumadores a mi alrededor, intentándolo una y otra vez, y fracasando, me di cuenta que su lucha tenía esencialmente los mismos condicionantes que cualquier otro problema y, por tanto, podría ser resuelto usando los mismos métodos.

Desde que escribí este libro he aplicado cada técnica que propongo en él a mi propia vida de forma exitosa. Sólo espero que las ideas elaboradas con tanto esfuerzo, y que expongo en estas páginas, te resulten útiles tanto como lo han sido para mí.

Capítulo 1

Anomalías en el comportamiento humano

A lo largo del curso de nuestras vidas, todos hemos tenido, sin duda, la posibilidad de observar ciertas anomalías en nuestro propio comportamiento. Con estas palabras no me quiero referir a eso que se suele escuchar: "los seres humanos se comportan de manera irracional". Lo que digo tiene que ver más bien con algunos mecanismos psíquicos arcaicos que entran en juego en la mente humana.

No se trata simplemente de que la gente se comporte o piense "irracionalmente", sino que el control consciente que ejercemos sobre nuestro comportamiento a veces es parcial, otras veces escaso y, en ocasiones, apenas tiene impacto sobre nuestras acciones. Para cualquiera que haya prestado la debida atención, es realmente difícil no tener la impresión de que algunas fuerzas antagónicas dentro de nosotros están constantemente empujando, tirando y determinando nuestras acciones, sin importar cuáles sean nuestras intenciones conscientes, a pesar de cualquier deliberada oposición que podamos presentar. Casi todas las personas que se observen a sí mismas admitirán que no tienen el control total de su comportamiento. Y muchos de ellos sienten que realmente no tienen control alguno. En buena medida, están en lo cierto.

Procrastinación

Hace seis semanas que a Jim se le puso la tarea de hacer un

trabajo de ocho páginas en la asignatura de Literatura Norteamericana. Había pensado en ello con frecuencia según transcurrían los días. Había llegado a la conclusión de que la tarea no le llevaría más de diez horas en total. Innumerables veces había decidido comenzarla y quitársela de en medio cuanto antes. Una y otra vez ignoró su decisión y todavía no ha escrito ni una sola palabra de su trabajo. Y ya, en la oscuridad de la noche, exactamente diez horas antes de que venza el plazo, Jim comienza a escribir febrilmente y a improvisar palabras. Cada uno de los minutos de las siguientes diez horas Jim lo pasa trabajando intensamente, sin detenerse para descansar, ver la televisión o jugar con los videojuegos, como habitualmente suele hacer. Se siente estresado, irritado, agotado, pero en el transcurso de esas diez horas se las arregla para completar su tarea y entregarla a tiempo.

Ahora Jim se siente eufórico. Siente un gran alivio, se ha quitado un gran peso de encima, está exultante, ya no se siente cansado a pesar de haber pasado diez horas extra para escribir el trabajo. En este momento piensa que puede hacer frente a cualquier cosa, superar cualquier obstáculo. "Nunca más", piensa, "de ahora en adelante nunca dejaré una tarea para el último minuto, ni pasaré un rato tan insoportable corriendo para completarla". Pero, por supuesto, Jim está condenado a encontrarse a sí mismo repitiendo este proceso una y otra vez, postergando durante días, y semanas, y meses antes de comenzar sus tareas, siempre esperando hasta el último minuto antes de que venza el plazo y, en el momento en que pierda algo más de tiempo, fracasará.[1]

---

[1] Este ejemplo, y los cuatro siguientes, están elaborados a partir de la experiencia de personas reales en situaciones reales. Excepto en el caso del tercer ejemplo, en todos ellos queda recogida mi propia experiencia personal así como mis observaciones de la gente de mi entorno tratando de manejar los mismos tipos de problemas. Sólo el tercer ejemplo, sobre el consumo de tabaco, está basado fundamentalmente en mis observaciones sobre otras personas y, en menor medida, sobre algunas experiencias personales análogas.

Sin duda, este escenario es en extremo común, un escenario que muchos de nosotros hemos experimentado en un momento u otro, si es que no lo ha sido continuamente. Siendo así, ¿por qué sucede esto? ¿Por qué nos pasamos infinitas horas no haciendo algo provechoso, cuando sabemos que tenemos algo importante que hacer? ¿Por qué muchos de nosotros no podemos resistir el impulso de posponer el hacer las cosas, de procrastinar? ¿Qué es lo que marca la diferencia entre los que procrastinamos y aquellos que diligentemente abordan su trabajo con tiempo y del modo adecuado? ¿Por qué no podemos obligarnos a trabajar, a pesar de que sabemos que no vale la pena el estrés y la ansiedad que experimentaremos al apresurarnos a hacerlo en el último momento? Y por supuesto, el resultado y la calidad del trabajo, además, se van a resentir. Muchos pensarán que simplemente no tienen "fuerza de voluntad". Y sin embargo, en esos momentos finales, justo antes de que se cumpla el plazo para llevar a cabo la tarea, la "fuerza de voluntad" que ponemos en juego para hacerlo es increíble. En esos momentos, podemos llegar a sentir que si pudiéramos aprovechar esa misma motivación en otras circunstancias seríamos capaces de cualquier cosa.

Ahora bien, nadie estaría dispuesto a estar sometido de continuo a la presión febril de tener que llevar a cabo una tarea tan ardua y con plazos estrictos. Aquellos cuyo trabajo se desenvuelve en unas condiciones semejantes acaban resintiéndose en grado sumo. Además, una experiencia de este tipo, mantenida en el tiempo, puede acabar generando efectos secundarios muy negativos, tanto físicos como psicológicos. Sin embargo, la buena noticia es que es posible tener lo mejor de ambos mundos: ser productivo y proactivo sin el estrés y la tensión que conlleva cumplir un plazo. Todo esto tiene poco que ver con la fuerza de voluntad. Pronto podremos ver que la fuerza de voluntad es sólo un factor que atemoriza, pero en la misma medida en que es insignificante. Lo que se requiere es una comprensión de lo que supone la motivación. Pero vamos a dejar este asunto pendiente por ahora y veamos algunos ejemplos más.

Pérdida de motivación

Paloma está tratando de perder peso. Ha comprado un abono en un gimnasio local y durante las dos primeras semanas ha ido muy animosa todos los días, consiguiendo una mejora notable en su condición física. El primer día de la tercera semana se siente algo menos dispuesta a ir, pero de todos modos se las arregla para levantarse y llevar a cabo su entrenamiento. Al día siguiente, decide que estaría bien descansar, y eso es lo que hace. Desde ese momento, al igual que le ocurre a muchísimas personas, comienza a tener inconvenientes para seguir yendo al gimnasio. La mayoría de los días se muestra incapaz de superar este terrible sentimiento y termina desistiendo. Pronto se encuentra yendo al gimnasio sólo una vez a la semana, más tarde una vez cada dos semanas y, finalmente, deja de ir por completo. Esto es, por supuesto, un caso típico de pérdida de motivación, muy común hoy en día.

Adicción al tabaco

Juan tiene 36 años. Trabaja en una empresa de contabilidad y está tratando de dejar el tabaco, un hábito que ha estado manteniendo durante los últimos 18 años. Fuma medio paquete al día, pero ha decidido dejarlo. Frecuentemente, a lo largo del día, siente una gran necesidad de fumar un cigarrillo, pero luego recuerda su promesa de dejar de fumar y se resiste. El primer día logra dominar sus impulsos y no fuma ni un solo cigarrillo. Sin embargo, al día siguiente, al volver a casa del trabajo, se sorprende al verse con un cigarrillo en la boca, y que se siente feliz inhalando el humo.

Había sacado un paquete del bolsillo y tomado un cigarrillo, se lo metió en la boca, sacó un encendedor, encendió el cigarrillo, volvió a guardar el paquete y el encendedor en su bolsillo, y sólo después de aspirar unas cuantas bocanadas se dio cuenta de lo que acababa de hacer y que había quebrantado su promesa de dejar de fumar. Tomó una última y profunda calada del cigarrillo y lo arrojó al suelo. Al día siguiente, para evitar que volviera a ocurrir lo mismo, dejó el paquete de tabaco guardado en el cajón de su mesa en la oficina. A menudo ansía fumar, pero luego se imagina metiendo la mano en el cajón para cogerlo y se detiene. Pronto, sin embargo, se encuentra en la calle, fuera de la oficina, con el paquete en la mano y un cigarrillo encendido en la boca. Lo había sacado del cajón, había salido y deliberadamente había encendido el cigarrillo. Era consciente de sus acciones pero, sólo después de tomar algunas caladas del cigarrillo, se da cuenta de su culpabilidad sintiendo todas las consecuencias de no cumplir su promesa de no fumar. Finalmente, arroja el cigarrillo violentamente al suelo.

Al día siguiente, se desprende de su paquete de tabaco para ni siquiera tener la oportunidad de acercarse a él. Al cabo de un rato, de nuevo, sus deseos de fumar son muy grandes, pero no tiene la oportunidad de satisfacerlos, por lo que se abstiene. A lo largo del día, sin embargo, descubre que ha progresado muy poco en su trabajo y que sus pensamientos se dirigían en todo momento de su trabajo a la tienda donde se imaginaba a sí mismo comprando un paquete de cigarrillos. Finalmente, decide que este doloroso intento de dejar de fumar tiene consecuencias inaceptables para su vida profesional y se va a la tienda a comprar otro paquete de cigarrillos y decide posponer su intento de dejar de fumar para más adelante, tal vez para cuando tome unas vacaciones. De este modo, Juan vuelve a su rutina habitual de fumar medio paquete al día.

En este ejemplo, Juan realmente hizo un gran esfuerzo para abandonar su adicción, un esfuerzo mucho mayor que el de la mayoría de las personas cuando intentan dejar de fumar. Pero, por desgracia, le faltaba un componente crucial en su estrategia para dejar el tabaco. Al final de este libro veremos si podemos darle algún consejo a Juan sobre cómo dejar de fumar definitivamente en la próxima ocasión.

Adicción a los videojuegos

Rafael se encuentra pasando sus vacaciones universitarias de invierno en casa. Tiene asignadas tareas sencillas de alguna asignatura, además de otras pequeñas cosas que hacer durante esos días, pero nada realmente urgente. En su primer día en casa se despierta a las ocho de la mañana mientras su familia todavía duerme. No desea ir a ninguna parte. Está aburrido. Para calmar su aburrimiento, Rafael decide pasar el rato haciendo algo que solía hacer en su infancia, jugar con la videoconsola. Hace mucho que no juega y jamás se le había pasado por la cabeza hacerlo en la universidad. La PlayStation 2 que poseía desde la infancia todavía está en su habitación, y se anima a jugar un antiguo videojuego que había olvidado por completo. Comienza a jugar, sintiendo una ligera sensación de nostalgia. Durante las dos horas siguientes disfruta de lo lindo retomando aquella antigua familiaridad con aquel juego.

A las diez en punto desayuna. Sintiéndose saciado y algo aletargado, piensa que no hay nada mejor que hacer y retoma nuevamente el videojuego. Durante varias horas más se sumerge en esa actividad y disfruta. Acaba mirando el reloj y ve que son las 1:30 de la tarde. "Es hora de dejar esto y seguir con mi día", piensa; "debería salir a correr, dejar mi tarea terminada, y tal vez ir a ver a algunos viejos amigos". Se prepara para salir de casa pero, por un momento, decide jugar quince minutos más. Esos quince minutos pasan, pero todavía se siente insatisfecho, y se concede otros diez minutos. Lo hace constantemente, a veces perdiendo la noción del tiempo, dándose otros diez minutos cada vez que se da cuenta de que ha jugado mucho más de lo que había pensado. Sólo a las 5 de la tarde, cuando de nuevo se siente muy hambriento, abandona el juego y sale de casa.

Piensa en ir a hacer *jogging* y comer en una hamburguesería. Cuando regresa a casa se siente incapaz de ponerse a hacer sus deberes y una vez más vuelve al videojuego. Juega ininterrumpidamente hasta bien entrada la noche y, cuando ya son las 2 de la madrugada, estando totalmente agotado, decide irse a dormir.

Al día siguiente se despierta a las 10:30 de la mañana, desayuna, y siente una gran necesidad de volver a disfrutar del videojuego. Había hecho planes ese día para encontrarse con un par de amigos alrededor de las 7 de la tarde en un bar. Piensa que estaría bien jugar un rato con la Play, ya que todavía queda mucho tiempo hasta la hora de la cita. Pasa ocho horas seguidas jugando. Exactamente a las 7 en punto recuerda que debe encontrarse con sus amigos, por lo que se apresura a vestirse y se va corriendo al bar.

A veces, cuando está con sus amigos, recuerda el videojuego. Mientras regresa a casa después de la cita siente ganas de jugar una vez más. Efectivamente, al llegar retoma el juego, y continúa jugando hasta bien entrada la noche.

Durante los días siguientes la situación sigue siendo la misma. Rafael no puede resistirse a jugar y sólo es capaz de dejarlo cuando debe cumplir con algunas obligaciones necesarias. En su tiempo libre no hace nada más y termina jugando un promedio de doce horas cada día. Durante este tiempo, constantemente hace intención de dejarlo, pero finalmente decide continuar quince minutos más, después veinte minutos más, después otra hora; luego incumple sus decisiones o pierde la noción del tiempo, y termina jugando durante varias horas seguidas. Parece que consigue liberarse y sale de su habitación para comer o hacer algún recado pero, tan pronto como regresa a casa, invariablemente reanuda el juego durante unas cuantas horas más. Esto continúa durante seis días. Entonces, al final del sexto día, Rafael logra vencer sus deseos de jugar. Y tan pronto lo hace, pierde todo interés en él y tranquilamente guarda su PlayStation sin remordimiento alguno. A partir de ese momento no vuelve a jugar a ningún otro juego y pasa el resto de sus vacaciones de invierno como lo había deseado: hacer su tarea, salir con amigos y satisfacer sus propios intereses como hombre maduro que es.

Ciertamente, cualquiera que juegue o haya jugado videojuegos, o conozca a alguien que lo haga, reconocerá que esto no es nada raro. Por supuesto, es sólo el otro lado de la moneda de la procrastinación. Este tipo de comportamiento tiene algunas peculiaridades muy llamativas. Los videojuegos en sí mismos son muy interesantes desde el punto de vista psicológico. Más adelante veremos el tipo especial de condiciones motivacionales que crean.

Abandono al sueño

Fernando duerme demasiado, unas once horas al día de promedio. Fernando no está contento con este estado de cosas, pero cada día sus circunstancias lo persuaden de forma imperceptible para disfrutar de esas horas extra de sueño. Él se encuentra en perfecto estado de salud, tanto física como psicológica. Sin embargo, tiene dificultades para levantarse de la cama por la mañana. Incluso cuando se despierta completamente descansado, suele permanecer en la cama y duerme durante una o dos horas más. Tiene pocas obligaciones a excepción de su trabajo, donde es libre de establecer su propio horario. Trabaja desde casa con su ordenador, en su pequeño apartamento de una sola habitación, la misma habitación en la que duerme. Después de las comidas, a menudo se echa en la cama para acabar durmiendo una siesta. Al finalizar una parte de su trabajo, generalmente se va a la cama y, otra vez más, se queda dormido. Casi todos los días sale de su casa para ver a los amigos, salir a caminar, o hacer ejercicio en el gimnasio pero, aparte de eso, la mayoría del tiempo permanece en su pequeño apartamento. Además de acostarse en la cama y dormir, el resto del día lo pasa trabajando en su computadora, recorriendo su estrecho apartamento y, de vez en cuando, leyendo un libro o viendo la televisión, cosa que hace mientras está acostado. A pesar de la desmedida cantidad de tiempo que dedica al sueño cada día, Fernando tiene mucho tiempo para cumplir con sus obligaciones, con horas de sobra para su tiempo libre.

¿Qué es lo que se puede concluir de este ejemplo? Se podría decir que lo relatado podría atribuirse sencillamente a la pereza, o bien a la depresión, o tal vez a alguna enfermedad física. Todas pueden ser, sin duda, causas válidas. Sin embargo, muy a menudo, incluso para un comportamiento tan sencillo como el sueño, el principal factor determinante es la motivación, y esto es algo que generalmente se suele pasar por alto.

Estos ejemplos son suficientes para definir el escenario e iluminar el problema al que nos vamos a enfrentar. Nos preguntamos sobre cuáles son los mecanismos psicológicos esquivos que subyacen a estos comportamientos, tan en contra de nuestra voluntad. Queremos saber por qué no podemos obligarnos a hacer ciertas cosas y por qué no podemos dejar de hacer otras. ¿Por qué este tipo de comportamiento prevalece en los seres humanos? ¿Y por qué nuestra fuerza de voluntad apenas puede oponer resistencia? ¿Por qué el hacer ciertas tareas se experimenta como una obra titánica, mientras que otras actividades son tan atractivas que no podemos separarnos de ellas? Y, finalmente, queremos saber por qué y cómo podemos superarlo algunas veces, qué cosas podemos aprender de aquellos momentos en que lo podemos hacer, y cómo podemos implementar ese conocimiento para obtener un mayor control sobre nuestros destinos.

Capítulo 2

Cómo desentrañar el misterio

Sin profundizar prematuramente en ninguna de las funciones psicológicas generales, ni en sus teorías, convendría esbozar primero algunos trazos que nos acerquen a una imagen completa y que de cuerpo a los ejemplos que tenemos frente a nosotros. En este punto vamos a abordar algo que es fácilmente reconocible, como lo es la diferencia entre un acto y su resultado.

El Acto y el Resultado

A primera vista, puede parecer que Jim quiere completar su trabajo, Paloma quiere ponerse en forma, Juan quiere dejar de fumar, Rafael quiere dejar de jugar con la Play y Fernando quiere dormir menos. Sus comportamientos, dicho de una manera simplista, son incomprensibles para nosotros. Pero, si miramos más de cerca, notaremos que lo que estas personas quieren no son esas acciones en sí mismas, sino simplemente sus resultados. Jim en realidad no quiere escribir su artículo, sino que desea el resultado final de escribir su trabajo, es decir, aprobar su curso de literatura. Paloma no quiere ir al gimnasio en realidad, al menos no después de las primeras dos semanas, sino que solo quiere su resultado y, específicamente, adelgazar hasta su peso deseado. Juan, ciertamente, no quiere dejar de fumar, ya que fumar le da una gran satisfacción, le encanta el sabor del cigarrillo y la sensación calmante del humo, mas solo quiere el resultado final, es decir, los beneficios para la salud, ahorrar dinero y ser mejor aceptado por los no fumadores, sus amigos y familia. De igual modo, Rafael no quiere abandonar la posibilidad de jugar, ya que disfruta muchísimo jugando, sólo quiere los beneficios de dejar de jugar y tener tiempo libre para hacer otras cosas más productivas. Y, finalmente, Fernando sólo quiere los beneficios prácticos de no dormir las tres horas extra al día, y tener ese tiempo para hacer cosas mejores, pero cuando llega el momento, el tirón del sueño es demasiado tentador para que se resista.

Ahora, tomando en consideración sólo la distinción entre acto y resultado, parece que tenemos un retrato único de todas estas situaciones, y nuestra perplejidad inicial parece haberse desdibujado. Pero vayamos poco a poco. Por ahora, lo que hemos alcanzado no es la interpretación de la mecánica psicológica que subyace a todo acto humano, sino únicamente el comienzo del camino hacia su comprensión. Después de todo, por el sólo hecho de poder discriminar entre una acción y sus consecuencias, de ninguna manera sabemos qué factores determinan si una persona va a realizar una acción en particular o no, o cuándo la llevará a cabo, o las formas en que podría ser influenciado para realizar algo que en otras circunstancias nunca haría (y viceversa). Por ejemplo: Jim escribió su artículo; al menos durante dos semanas, Paloma asistió diligentemente al gimnasio; Rafael dejó de jugar con la Play y Juan se resistió por un tiempo apreciable contra de sus deseos de fumar.

Ya que nos hemos situado en la senda correcta, vamos a seguirla.

Cuando el valor del Resultado supera al valor del Acto

Si observamos el comportamiento de Jim, al distinguir entre el hecho de escribir su artículo de sus consecuencias, podemos concluir que la razón por la que finalmente se decide a escribir es porque las consecuencias de no hacerlo se han vuelto demasiado graves. Una vez que posponer las cosas por más tiempo sólo tendría como resultado el fracaso de Jim, la magnitud de tales consecuencias sobrepasa el desagrado de Jim por escribir, y hace que lo supere, sobreponiéndose a la posibilidad nada rentable de escribir el artículo más tarde. Podemos, por lo tanto, concluir que el deseo de una persona para llevar a cabo una determinada conducta (para Jim, el proceso real de escribir su trabajo) y, por otro, el deseo de su resultado (en este caso, aprobar el curso) contribuyen a motivar que se adopte, o no, ese comportamiento. Cada uno (el acto y el resultado) ejerce su propia atracción, y si los dos se oponen entre sí, el que sea más poderoso será el que, generalmente, determinará el comportamiento de la persona. Pero, ¿qué sucede en realidad en la mente de alguien para que elija una de esas dos opciones que se contraponen?[2]

Anticipación del Acto y el Resultado

Hay dos escenarios diferentes en la batalla psicológica entre la acción y el resultado que debemos diferenciar. En el primero la persona aún no ha comenzado la acción en cuestión, por ejemplo, antes de que Jim comience su trabajo. En ese caso, tanto la acción como su resultado son meramente futuribles. Ambos existen en la mente como ideas, como anticipaciones del futuro. En el segundo escenario, la persona ya está llevando a cabo una acción, por ejemplo, mientras Rafael está jugando con la PlayStation. En ese caso, hay una discrepancia entre el acto y el resultado, ya que la persona experimenta el acto como algo físico, presente y continuo, mientras que el resultado sigue siendo solo una perspectiva, una expectativa

En el caso de Jim, tanto el acto de escribir el documento como su resultado existen solo en su mente, como perspectivas, y ninguno de ambos tiene lugar en el momento presente. Por otro lado, sabemos con certeza que el factor psicológico que al final instiga a Jim a escribir su artículo es la ansiedad. De modo que podemos concluir que la ansiedad, la experiencia de

---

[2] Finalmente, todo comportamiento es sólo un síntoma del proceso mental que lo ocasiona.

esa emoción, actúa como un embajador del futuro en el presente, mostrándole las posibles consecuencias de lo que sucedería si el resultado fuera que Jim no entregara la tarea. Podemos suponer que existe otro embajador similar para el acto en sí mismo, como futurible. En el caso de Jim, se trata del temor que acompaña a la idea de escribir su artículo, aunque él haya decidido llevarla a cabo.[3] A la luz de esta evidencia, podemos apreciar el gran papel que juega la emoción para motivar a una persona hacia la acción. En cualquier caso, no sería descabellado afirmar que los eventos futuros y/o futuribles se relacionan con la mente de una persona en el momento presente a través de los pensamientos, asociaciones y afectos que invocan cuando se piensa en ellos.

Actividades presentes versus consecuencias futuras

En situaciones como la de Rafael, donde las expectativas futuras entran en conflicto con una actividad actual (el videojuego), se puede hacer una certera valoración del tipo de influencias que estos dos factores ejercen sobre la toma de acción de una persona. Para Rafael, que es tan dependiente de jugar con la Play, está claro que las expectativas apenas tienen ningún efecto para llevarle a abandonar el juego. Por el momento, Rafael no entra en riesgo mientras sigue jugando, y bastará que lo deje justo antes de ir a encontrarse con sus amigos. Ni la consideración de la pérdida de tanto tiempo jugando, ni la posibilidad de hacer otras cosas de más valor, tienen el poder de alejarle del juego, ni tan siquiera por un rato, lo que nos permite concluir que dichas opciones tienen un efecto muy débil en comparación con el disfrute del juego. Sin

---

[3] Para evitar confusiones por parte del lector, queremos subrayar el sentido de la palabra "afecto". Afecto, *substantivo* – <u>Sentimiento o emoción</u>. Se utilizará este término a lo largo del libro para referirnos a algo que pueda sentir una persona, generalmente derivado de procesos cognitivos internos. En ningún caso se deberá relacionarlo con el *verbo* afectar, que significa tener influencia sobre algo.

embargo, algunos eventos futuros le llevan a dejar de jugar, como son sus planes para encontrarse con sus amigos. Y dichos planes influyen sobre él de la misma manera que una fecha límite influye sobre el procrastinador, al inducirlo a llevar a cabo sus intenciones en el último minuto. También sabemos que, en este caso, ese comportamiento es causado precisamente por el mismo factor, la ansiedad, es decir, su ansiedad acerca de las consecuencias de tener que "rescatar" a sus amigos tras no acudir a tiempo a la cita. Otra cosa que le puede hacer renunciar al videojuego es tener mucha hambre. Lo que aquí podemos observar es que esta situación es casi idéntica a aquella en la que la acción es sólo una perspectiva futura. Y eso no debería sorprendernos tanto cuando nos damos cuenta de que el caso de Rafael es simplemente el negativo del anterior. En el caso de Jim, Jim estaba tratando de comenzar una actividad (escribir el trabajo). En el caso de Rafael, éste intenta dejar una actividad (jugar con la Play). Pero todo lo que se necesita es reformular el estado de las cosas para ver que los dos son, en realidad, semejantes. Podemos decir que Jim está tratando de dejar la actividad de procrastinar (cualquier actividad real que eso conlleve, y puede ser un videojuego). Y podemos decir que Rafael está tratando de comenzar una actividad diferente (lo que quiera hacer en lugar del juego, como reunirse con sus amigos). Cada uno de los dos escenarios tiene dos partes: dejar una actividad y comenzar otra.

Será útil tener esto en cuenta. Sin embargo, en este caso podemos distinguir claramente un patrón, y es que van a ser los acontecimientos futuros concretos, con consecuencias concretas, los que van a motivar a una persona a actuar, de modo más efectivo, en contra de sus deseos presentes. Para muchos, el efecto motivador de una obligación tiene lugar sólo en el último momento decisivo, y se debe al hecho de que es sólo entonces cuando "sienten" realmente sus consecuencias inminentes (mientras que en cualquier otro momento anterior, las consecuencias que se perciben son el tener que afrontar el problema más adelante).

Sin embargo, eso no quiere decir que la ansiedad comience a sentirse precisamente en ese momento. Siempre hay un componente emocional de ansiedad ante este tipo de obligación inminente (aunque se suele admitir que es en los últimos momentos, cuando la ansiedad es mayor). Tampoco debemos ignorar que, por ejemplo, una fuerte sensación de hambre, bastante similar en su naturaleza psicológica a una fuerte sensación de ansiedad, puede hacer que Rafael abandone el juego, y cumplir su promesa e ir a ver a sus amigos.

La energía de activación para comenzar una actividad

Hasta aquí hemos aceptado que muchas conductas involuntarias, como las que hemos visto en nuestros ejemplos, son el resultado de los deseos opuestos que sufre una persona, uno, para llevar adelante una acción y, otro, para experimentar sus consecuencias: donde (1) la atracción de una actividad particular domina sobre el poder motivador de sus consecuencias negativas, o (2) el poder motivador de las consecuencias beneficiosas de llevar a cabo una actividad no es suficiente para dominar la aversión que experimenta una persona ante dicha actividad. Este esquema de conducta, sin embargo, no debe tenerse en cuenta al analizar muchos comportamientos similares, donde no se dan estas condiciones y, por otra parte, no explica "completamente" comportamientos similares cuando dichas condiciones si están presentes. Y eso se debe a que todavía existe otro factor a tener en cuenta que no hemos tomados en consideración hasta ahora. Tomemos, como ejemplo, un caso extremadamente simple en el que una persona tiene un deseo positivo definido (y no ambivalente) para llevar a cabo una acción y, además, disfrutar de sus consecuencias.

Chris quiere ir a jugar al baloncesto en la cancha de su gimnasio. Le gusta jugar al baloncesto y, también, le ayuda a estar en buena forma física. Por otra parte, no tiene nada mejor que hacer. Pero Chris vive a treinta minutos de la cancha de deporte y cada vez que considera la posibilidad de ir piensa en la larga caminata que le llevará el llegar allí, y se da cuenta de que lo que le cuesta levantarse del sofá. Finalmente, termina no yendo, y a cambio se queda viendo la televisión.

En este escenario, a Chris le apetece tanto llevar a cabo la actividad como sus consecuencias; sin embargo, lo que le cuesta es hacer el esfuerzo necesario para comenzar la actividad. Podríamos pensar que este es el sello distintivo de la pereza, pero ¿qué pensaríamos si la caminata fuera, en cambio, de dos o tres horas? En cualquier caso, cada actividad tiene este tipo de barrera de entrada, algo que llamaremos energía de activación. Y muy a menudo, es precisamente esta barrera de entrada la que impide que una persona tome las acciones que se requieren para comenzar una actividad, incluso si esa actividad es, a la vez, deseable en sí misma y beneficiosa a largo plazo.

A la luz de todo esto, parece que lo mejor sería considerar la ejecución de una actividad como dividida en dos partes separadas: la acción requerida para comenzar la actividad y la actividad en si misma. Por lo tanto, en la contienda mental que se plantea ante el hecho de llevar a cabo un actividad futura y el experimentar sus consecuencias, también debemos tener en cuenta las acciones que se deben poner en juego para comenzar dicha actividad. Casi siempre, esas acciones preparatorias actuarán como un elemento de disuasión de participar en la actividad propiamente dicha, ya que a menudo son de naturaleza tediosa y suponen esfuerzo. Si una actividad es desagradable pero sus consecuencias son deseables, esta barrera de entrada para comenzar la actividad sirve como un factor opuesto adicional. Si una actividad es seductora pero las consecuencias son perjudiciales, el esfuerzo necesario para comenzar la actividad puede ser el elemento disuasorio decisivo que incline la balanza hacia la abstención. Y si tanto la actividad como las consecuencias son deseables, la acción preparatoria puede ser suficiente como potente elemento desmotivador como para que se mantenga la inacción. En conclusión, después de la resolución de la lucha mental planteada entre el llevar a cabo una actividad y experimentar sus consecuencias, el "vencedor" debe afrontar otra lucha similar, frente al esfuerzo para dar comienzo a esa primera actividad. Con frecuencia, es en esta segunda ronda de toma de decisiones, cuando se cae en la inacción, justo cuando se había acumulado suficiente iniciativa para emprender una determinada actividad desagradable. En el caso de una persona que intenta dejar de fumar, en medio de una actividad en la que ya está involucrado, los pasos necesarios para hacerlo cumplen exactamente el mismo rol.

La descripción de nuestro problema hasta el momento

Por ahora, hemos avanzado bastante en la comprensión de la motivación humana. Lo más importante es que identificamos tres partes psicológicamente separadas para cada caso: el de la actividad misma, sus consecuencias y el esfuerzo necesario para iniciarla, las cuales pueden entrar en conflicto entre sí en la mente de una persona, y dirigirla (en un proceso psicológico que todavía no conocemos) hacia direcciones opuestas. Se ha representado este esquema en la Figura 1 en la página siguiente.

Parece, sin embargo, que ahora nos estamos aproximando a un callejón sin salida, y que pronto estaremos sin saber cómo proceder en el seguimiento de este análisis. Después de todo, estudiar el comportamiento basándonos en términos generales, tales como luchas mentales, conveniencia y elementos disuasorios, sólo nos puede traer hasta el punto en el que nos encontramos.

Para tener una comprensión profunda de nuestro problema, debemos examinar más microscópicamente los procesos mentales reales que tienen lugar en la mente de una persona cuando está considerando llevar a cabo una acción futura y sus consecuencias. Sólo así seremos capaces de determinar cuáles son los factores más importantes por los que decide cómo actuar, y aprender a controlar sus acciones manipulando deliberadamente dichos factores.

De hecho, es muy frecuente que en el proceso científico se deba abordar un problema intrincado desde múltiples ángulos diferentes, antes de que se alcance una solución.

De modo que, ahora, abordaremos el problema orientado por la psicología introspectiva, de la cual podemos obtener una comprensión más profunda de la motivación humana y, gracias a ello, el poder curar la adicción, aumentar la productividad, eludir la pereza y mucho más. Por tanto, vamos a tomar este camino, que nos va a conducir directamente a solucionar los problemas de motivación y, de paso, también resolveremos todas esas preguntas que nos hacemos cuando confluyen la falta de motivación y la procrastinación.

Las Tres Partes de una Actividad
La Actividad
Sus Consecuencias
Atracción hacia, o repulsión por, la actividad en sí misma
El deseo de obtener o sus consecuencias
El esfuerzo requerido para abandonar la actividad y/o comenzar otra
Energía de Activación

Figura 1 –

Capítulo 3

La naturaleza psicológica de la motivación

Comenzaremos por establecer el rol motivador (o desmotivador) de la sensación física. Para ello veamos un ejemplo muy simple: consideremos el caso de dos personas con dolor de rodilla, siendo la Persona A la que experimenta más dolor físico al caminar que la Persona B. Suponiendo todos los demás factores iguales, podemos predecir con absoluta confianza que la Persona B podrá caminar más lejos que la Persona A, antes de que ambos se detengan por el dolor y se sienten a descansar. Podremos hacer exactamente la misma predicción si estamos tratando con una sola persona, la Persona C, en dos momentos diferentes en el tiempo, cuando en algún momento sienta más dolor que en otro, y todos los demás factores permanezcan iguales. Podremos decir sin género de duda que se detendrá antes en su camino cuando esté experimentando más dolor. Y esto siempre sucederá de igual manera, así afecta el dolor, nos lleva a dejar de hacer aquello que nos duela; y cuanto mayor sea el dolor, mayor será la motivación para dejar de hacerlo.

La verdadera motivación que tiene una persona en este escenario (y en otros similares) es dejar de sentir dolor, o al menos reducirlo. Y esto no sólo se aplica al dolor físico. Es cierto, literalmente, para todo aquello que tenga una cualidad dolorosa y desagradable. Cuanto mayor sea la sensación física de hambre en una persona, más se sentirá motivada a comer para aliviarlo. Cuanto más frío sienta una persona, más motivada estará para calentarse. Cuanto mayor sea la magnitud de un picor, esa persona tendrá más ganas de rascarse.

También resulta evidente que, cuando ese dolor se está sintiendo, no sólo se experimenta la motivación para llevar adelante la acción particular que lo calma, sino que también atenúa la motivación de todas las demás acciones que no lo hacen y, además, lo hará en correspondencia directa con la intensidad de aquello que le molesta. Hablando de la motivación en términos coloquiales, una persona que esté extremadamente enferma con un virus estomacal, vómitos, fiebre, etc., abandonará temporalmente todas sus aspiraciones y perderá el interés por todo lo que hace, excepto aquellas cosas que alivien su malestar. Si recibiera una llamada del presidente de su compañía, probablemente le diría que volviera a llamar mañana.

Veamos ahora si podemos extender este principio a las emociones. Nadie puede negar el poder motivador de las emociones. Incluso en los usos más coloquiales del término, el papel de las emociones se reconoce implícitamente en este sentido. Considere cuál es la respuesta que busca un actor cuando, con frecuencia, antes de representar una determinada escena, le pregunta al director: "¿Cuál es mi motivación?" También hemos visto en los ejemplos, al comienzo de este libro, cómo la emoción de la ansiedad motiva al que posterga para, finalmente, ponerse a escribir su trabajo, y al que juega con la Play para dejar de hacerlo finalmente.

Pero no hay duda de que las emociones como la tristeza, la ansiedad y la ira, sea lo que sea que puedan hacer, evocan, por su naturaleza, una sensación física desagradable. Además, las acciones que cualquiera de estas emociones motiva a una persona a emprender, tienen como resultado calmar o disipar esa emoción desagradable (y también, en ocasiones, reemplazarla por una agradable). Una persona que experimenta enojo buscará vengarse de la persona (o cosa) con la que está enojado; cuando lo hace, la ira desaparece. Una persona que está ansiosa buscará, generalmente, evitar todo lo que evoca en él la sensación de ansiedad; tan pronto como lo hace, su ansiedad desaparece. La función de la tristeza es más complicada, pero generalmente también hace que una persona abandone la situación de tristeza, y de este modo, al menos, alivia la emoción.

A la luz de esto, estamos obligados a concluir que en el papel motivador de estas emociones intervienen decisivamente, si no enteramente, los sentimientos físicos de desagrado que les acompañan. Y teniendo en consideración los principios más fundamentales de causa y efecto, podemos decir con absoluta certeza que: si el único efecto que tuvieron esas emociones fue provocar el desagrado, que es tan característico de ellas, a la vez que una forma de aliviarlo (como la venganza), entonces deberán producirse precisamente los mismos efectos motivadores en una persona, al menos en calidad, como ya lo hacen. Realmente, ¿cuál es la diferencia fundamental en la situación de una persona enojada que quiere venganza (o una persona ansiosa que busca seguridad) de la persona que quiere comida, la persona cansada que quiere descansar, la persona nauseabunda que quiere vomitar, o la persona excitada que quiere sexo?

Además, existen muchos ejemplos en la vida cotidiana donde estas emociones compiten con el desagrado físico de un tipo diferente—como oponentes iguales en igualdad de condiciones—que determinan las acciones de una persona. Considere que un niño tímido, que está demasiado ansioso por preguntarle a su maestro si puede usar el baño, finalmente supera esta ansiedad cuando su necesidad de orinar se vuelve demasiado grande. Un adolescente que se niega a comer por enojo, para fastidiar a su madre, encontrará que su ira finalmente sucumbirá a una sensación de hambre más poderosa. Y en casi todos los casos, la persona profundamente consciente o religiosa encontrará momentos en que sus impulsos sexuales naturales (que, dicho sea de paso, definitivamente implican una sensación de incomodidad y tensión) se volverán más intensos que cualquier sentimiento de vergüenza que sienta sobre el tema, y hacer que busque alivio por medio del coito o la masturbación.[4]

A partir de esta exposición, no podemos dejar de tener la impresión de que hemos desenterrado un mecanismo psicológico de vital importancia para el comportamiento humano. Es la existencia de una profunda necesidad psicológica o, más exactamente, una compulsión para reducir el disgusto/dolor, cuando este aparece, lo que motiva/obliga a los humanos a adoptar el comportamiento requerido para llevar a cabo todas sus funciones biológicas vitales. Lo que aún es más sorprendente es que este mismo mecanismo de compulsión también es responsable de una gran variedad de comportamientos mucho más complejos y menos esenciales, incluso superficiales para el hombre.

Pero antes de abordar la generalidad de estos hallazgos, debemos darnos cuenta de que solo tenemos la mitad del dibujo ya que, además de la necesidad de reducir el dolor, encontramos que los humanos tienen una necesidad equivalente de obtener un aumento del placer.

La motivación de buscar placer

Si tomamos a una persona en lo que llamaremos un estado neutro, en el que no experimenta ningún placer ni desagrado, podremos observar que la característica general común a todas las infinitas cosas que pueda buscar será un incremento del placer. Todas serán de una naturaleza placentera. La persona en este estado podrá ser descrita, esencialmente, como aburrida.[5]

---

[4] Por supuesto, hay casos particularmente raros y patológicos en que ocurre lo contrario, y las emociones de una persona se vuelven tan intensas que inhiben incluso las motivaciones físicas más fuertes para las funciones biológicas más rudimentarias de la vida. Y esto siempre lleva, y existe junto a, una profunda patología psicológica.
[5] El aburrimiento, por supuesto, también tiene una calidad desagradable.

En tal estado, la mente de la persona se sentirá atraída y se mantendrá fija en cosas que le proporcionen placer. Y esto no solo se refiere a acciones que traen placer, de modo tangible o experimentable por los sentidos ya que, si las actividades placenteras están fuera de su alcance, la persona se verá obligada a buscar ese placer en el pensamiento. Se complacerá en fantasías imaginativas, traerá a su mente recuerdos agradables o contemplará algo de interés. Y si por alguna razón él no puede hacer eso, para alcanzar su placer conscientemente, su mente inconsciente intervendrá por medio de asociaciones y fantasías, suministrando ese placer. Recordará una canción, invocará un canto alentador o un mantra personal, o lo colocará dentro de una fantasía placentera (como es tan común cuando soñamos despiertos de forma inconsciente).

Por lo tanto, para quien se haya preguntado por qué, cuando se encuentra en un estado ocioso, alguna canción o melodía se adueña de su mente, o por qué de vez en cuando, inexplicablemente, se ha encontrado a sí mismo pronunciando mentalmente una frase o cántico en particular, siempre, por cierto, de una naturaleza de autoexaltación, o de reconocimiento por haber vencido algunas dificultades, o por qué a menudo se ve obligado a disfrutar de fantasías imaginativas, o por qué sus pensamientos son atraídos tan ferviente y constantemente a una actividad determinada, como jugar con la Play, ver televisión o pornografía, sobre la base de que podemos considerar esa actividad como una adicción, la razón es que todos esos pensamientos, ideas y contenido diverso que aparecen en la cabeza son de naturaleza entretenida y placentera. Es su mente tratando inconscientemente de entretenerlo o llevarlo al placer.

Pero la mente no solo quiere obtener placer, sino que quiere aumentar el placer. Una persona que se despierta en un estado neutro se contentará con realizar una actividad levemente placentera, como leer un libro (uno que no sea extraordinariamente emocionante, tal vez un libro de texto) o trabajar en una tarea creativa (siempre que le proporcione a la persona un poco de placer). Sin embargo, le resultará muy difícil hacer esa misma actividad inmediatamente después de haber hecho algo que más placentero (como jugar o ver un programa de televisión), ya que eso constituiría una disminución general del placer. Experimentará el mismo temor y resistencia en contra de hacer eso que el que experimentaría al tener que enfrentarse a una acción puramente desagradable (como una tarea que no requiere urgencia) cuando se encuentre en un estado neutro.

También podemos observar este efecto en el hasta ahora desconcertante fenómeno mental que la mayoría de nosotros hemos experimentado, sin duda, al leer un libro. Nos hemos dado cuenta de que, en algún punto de nuestra lectura, hemos dejado de comprender su contenido y nos hemos quedado absortos por completo de nuestros propios pensamientos. También sabemos que, una vez que esto ha ocurrido, se vuelve extremadamente difícil reanudar la lectura, y necesitaremos unos instantes para que podamos regresar a nuestros propios pensamientos. La razón de esto es que los pensamientos que usurpan nuestra mente brindan más placer que leer el libro. Y una vez que el libro ha despertado el interés por algo, en una línea de pensamiento más atractiva y placentera, la actividad de perseguir ese pensamiento se adopta inconscientemente y se sobrepone a la actividad de la lectura. De lo contrario, este mismo efecto puede ocurrir si el libro activa ideas de naturaleza preocupante, irritante o entristecedora, o si nos sobreviene otro tipo de disgusto. En este caso nuestros pensamientos se preocuparán por aliviarlos de manera natural y desconecta-remos de nuestra lectura.

En todos los casos en que nuestra atención se desvía tan involuntaria y automáticamente de la lectura, invariablemente se trata del resultado de uno de estos dos planteamientos: se abandona a favor de algo más placentero, o bien porque se ha evocado algo desagradable. Esto también es válido para todos los escenarios de naturaleza similar: cuando el hilo de nuestro propio pensamiento se va por la tangente, cuando nuestra mente se pone a deambular al escuchar un discurso o confe-rencia, etc.

La Ubicuidad del Placer y el Desagrado como Motivación

Toda la evidencia que acabamos de presentar atestigua la existencia de una profunda influencia psicológica ejercida por las sensaciones físicas de placer y desagrado sobre muchos tipos de cognición y comportamiento humano. Podemos describir mejor la naturaleza de esta influencia como: una compresión humana fundamental para aumentar el placer y reducir el desagrado.

Para los psicólogos de fines del siglo XIX y principios del siglo XX, esta era en realidad una idea ampliamente aceptada y reconocida. Buscar placer y evitar el desagrado fue considerado como el esfuerzo más fundamental de la mente humana, sobre el cual se basaban todas las demás funciones psicológicas. Freud comúnmente se refirió a él como el principio del placer. Pero esto ya no es ni siquiera una noción relevante en la Psicología moderna.[6] Y sin embargo, podemos considerar, únicamente sobre la base de nuestra propia evidencia, que una gran parte de la motivación humana está innegablemente determinada precisamente por este factor: el principio del placer.

Ciertamente, el conocimiento de ello supone un gran avance (una reclamación realmente) en nuestra comprensión de la psicología y el comportamiento humanos. Sin embargo, cuando profundizamos en este tema, nos encontramos con un descubrimiento infinitamente más asombroso. Constatamos que no hay ningún aspecto del funcionamiento humano en el que este elemento esté ausente, y que el principio del placer, de hecho, desempeña el papel principal al orientar la conducta y el pensamiento de una persona en todos los casos.

---

[6] Después de la llamada Revolución conductista del siglo XX, los trabajos psicológicos, las teorías y los hallazgos anteriores fueron etiquetados como no científicos, y falsamente ideados, y nebulosos e irrelevantes para la Ciencia Psicológica de hoy día.

Si centramos nuestra atención para observar este efecto en nosotros mismos, notaremos que incluso las acciones más triviales, como levantarse de la cama por la mañana, están completamente determinadas por este tipo de motivación basada en el placer/desagrado. Mientras que permanecer acostado es placentero (lo cual sin duda ocurre muy a menudo), una persona sólo podrá levantarse si tiene, por un lado, la posibilidad de experimentar un mayor placer, como la emoción de comenzar un nuevo día o salir a correr por la mañana, o sentir curiosidad por los resultados de una competición deportiva, o el deseo de ver un nuevo episodio de una serie televisiva o, de lo contrario, por otro lado, se experimenta un desagrado inmediato, como el impulso de orinar, el hambre, el sonido molesto de un despertador, el dolor de estar acostado en la cama mucho tiempo, la ansiedad por algo que se debe hacer, tal vez una punzada de repulsión por dormir demasiado.[7] E incluso cuando yacer en la cama ya no nos satisface, o incluso supone alguna incomodidad (cuando uno ya no tiene sueño, quedarse en la cama puede ser desagradable), la persona a menudo requerirá de una mayor motivación para levantarse, ya que el acto real de levantarse de la cama es en sí mismo frecuentemente desagradable (especialmente si requiere exponer el cuerpo al frío o requiere cierta cantidad de esfuerzo, como descender de la litera superior).[8]

Lo que nuestros hallazgos nos dicen es que la necesidad de aumentar el placer y aliviar el desagrado no es simplemente una

---

[7] Esto es cierto, para la mayoría de las personas. Pero hay otros factores cognitivos que una persona puede representar para ayudarlo con tal comportamiento, como veremos más adelante. (Consulte la sección El poder de la imaginación, en el Capítulo 6.)

[8] De hecho, podemos considerar cualquier tipo de esfuerzo, sin importar cuán leve o trivial sea, evocando anticipadamente una cierta cantidad de incomodidad: un desagrado que debe ser superado por alguna fuente de motivación. Y cuanto mayor es el esfuerzo, más motivación se necesita para superar el temor ante ese esfuerzo.

forma importante de motivación, sino la esencia misma de la motivación. Es la fuerza psicológica activa detrás de toda motivación (en gran medida para los psicólogos del siglo XIX), y cualquier cosa que se pueda considerar como motivación deriva precisamente de esta fuente. Y sin embargo, a pesar de su presencia omnipresente y su papel dominante y controlador en todos los aspectos de la cognición y el comportamiento humanos, a menos que se les explicite este efecto, las personas generalmente olvidan por completo el papel que juegan el placer y el desagrado para motivar sus vidas. Es algo completamente inconsciente. Pensamos que nuestros sentimientos son el resultado (o efecto secundario) de nuestros pensamientos y sus acciones, cuando en verdad, ellos son la causa.

Reconociendo ahora la influencia omnipresente y orquestadora de este elemento, su funcionalidad binaria más rudimentaria y su naturaleza misteriosamente inconsciente, ya no podemos dudar de que lo que aquí se está tratando es un mecanismo inconsciente, completamente diferenciable en la mente humana: el más arcaico y el más importante. Dentro del dominio de nuestra teoría psicológica, debemos establecer un lugar distintivo para él, como sistema inconsciente único en la psique humana.[9] Junto a la Inconsciencia Asociativa, reconocida y estudiada abundantemente, ahora podemos agregar un segundo sistema completamente diferenciable que nos vamos a atrever a llamar: "el placer inconsciente".

El placer inconsciente en los animales

Una vez que hemos admitido que este sistema independiente es un componente clave del funcionamiento humano, no podemos ignorar que la mayoría de las funciones que controla, así como sus medios para controlarlas, también están innegablemente presentes en los animales. De hecho, la habilidad únicamente humana como es la volición consciente, que es en

---

[9] Uno que también está, muy probablemente, asentado en un área distinta del cerebro físico.

cierto grado independiente del placer inconsciente, siendo nuestra principal fuerza que la contrapone, está totalmente ausente en los animales inferiores. Entonces, si el principio del placer dirige y controla casi todo el comportamiento humano, podemos suponer que lo hace también en el conjunto del reino animal. Por otro lado, igualmente será válido para todos los organismos que han existido desde los comienzos de la evolución.

Todo esto, por supuesto, tiene mucho sentido. El placer inconsciente reconoce solo dos entradas, el placer y el desagrado, y su única función consiste en impulsar al organismo a buscar lo primero y evitar lo segundo. Esta función binaria tan básica habla de sus antiquísimos orígenes evolutivos.

Tal vez, en algunos de los primeros estadios de la vida, se podría observar este tipo de funcionalidad binaria en las bacterias. De hecho, todavía lo hacemos hoy. Una bacteria simple sólo necesita detectar si algo es un nutriente necesario (bueno para ella) y usar sus cilios para dirigirse hacia él, o si es tóxico, dañino y malo para él, usar sus cilios para alejarse. Si esos no fueron los comienzos evolutivos reales del placer inconsciente (de hecho, es difícil imaginar que lo fueran) su origen estaría, al menos, enraizado en la misma razón. Un organismo simple y rudimentario sólo necesitaría evitar cosas dañinas y buscar nutrientes. Ése es el comienzo evolutivo necesario.

Una vez desarrollado este primer sistema binario, la evolución de un organismo más complicado requeriría una funcionalidad más diversificada. De manera que, una vez establecido este fundamento binario, el curso natural de la evolución sería (y de hecho parece haberlo sido) seguir construyendo sobre él. En algún punto de la línea evolutiva nos podremos encontrar con el desarrollo de instintos y emociones, probablemente en ese orden, que parece estar construido sobre el principio de placer, para ayudar al organismo a adaptarse a su entorno.[10]

Entonces podremos ver, para el caso de un organismo mucho más complicado, que no sólo necesita buscar o evitar cosas buenas y dañinas, sino que también debe realizar una variedad de tareas diversas. Dado que la introspección no nos va a aportar nada sobre los instintos de los animales, comencemos por hablar sobre las emociones y las funciones a las que sirven. Está claro que las emociones se basan en el principio del placer y que inducen el comportamiento de una manera particular, siempre de acuerdo a las leyes del placer inconsciente. El comportamiento que motivan esas emociones también es, sin duda, evolutivamente ventajoso.

Consideremos la emoción de la ira: una persona enojada buscará vengarse, o cometer violencia sobre cualquier cosa que haya instigado esa ira. La ira en sí misma es desagradable, y la forma biológica arraigada para desprenderse de esa ira es la venganza, lo que también produce una satisfacción catártica, un gran placer cuando se logra. La ira es la resistencia al daño, la retribución al damnificado, y aunque no atenúe el daño al que responde, puede servir para protegerse de futuros ataques al hacer saber al atacante que habrá consecuencias. Esto es sencillo de comprobar en los animales.

O bien observemos la emoción de la ansiedad: una persona ansiosa querrá deshacerse de la ansiedad porque es desagradable, y tratará de hacerlo escapando de cualquier cosa que evoque esa ansiedad. Si la ansiedad es provocada por pensamientos de una acción futura, procurará evitar esa acción. Pero si es provocada por pensamientos de inacción, incentivará que la persona actúe. El beneficio evolutivo de la ansiedad es, entre otras cosas, evitar el peligro. Y esto, ciertamente, lo podemos comprobar en los animales también.

La gama completa de emociones, los comportamientos que inducen y los beneficios que brindan, es un tema demasiado extenso para analizar aquí. Pero podemos afirmar que

---

[10] Sin embargo, la línea entre el instinto y la emoción es borrosa, y es difícil decir si no son una y la misma cosa.

todas las emociones operan precisamente sobre ese principio.

En cuanto a los instintos, ¿no podemos suponer que un animal se pueda sentir instigado, experimentar un molesto desagrado, para acometer una acción particular cuando se expone a un estímulo? ¿Que un pájaro no pueda evitar picotear en determinadas circunstancias, porque le causa una tensión desagradable el no hacerlo?[11] ¿Que un pato bebé sienta desagrado (¿ansiedad?) cuando está fuera de la vista de su figura materna? ¿Que un pez tenga la compulsión de proteger sus huevos para que no sienta angustia, y que obtenga placer al hacerlo? ¿Que cualquier animal, cuando tenga la oportunidad, sepa exactamente cómo aparearse porque la noción motora del acto evoca excitación interna? ¿O que un animal lance un mensaje de apareamiento para atraer a un compañero, sólo por el hecho de que el hacerlo le produce satisfacción, como una expresión natural de su anhelo sexual?

Para seguir los pasos evolutivos del desarrollo cerebral más allá: podemos inferir que, después de la evolución de los instintos y las emociones (o quizás al mismo tiempo), evolucionó la memoria asociativa, dando a los cerebros la capacidad de imprimir y asociar estímulos con el placer, el dolor, las emociones, e instintos que alguna vez evocaron. Este desarrollo permitió a las criaturas adaptar su comportamiento tomando en consideración experiencias pasadas; esto les permitió aprender.

Esa memoria asociativa y los sentimientos por asociación que produce son, por supuesto, todavía muy intensos en los humanos de hoy. Sólo después de todo este proceso en la historia de la evolución, se desarrollaron el pensamiento racional y explícito, y la imaginación que es algo exclusivo de

---

[11] Un comportamiento instintivo de un polluelo de gaviota plateada es picotear una mancha roja en el pico de su madre, lo que lleva a la madre a alimentarlo regurgitando comida en su boca. Los polluelos, sin embargo, picotearán indistintamente una mancha roja similar, donde quiera que la vean, y sin importar donde se encuentre.

los seres humanos.

La dinámica del placer inconsciente

Después de lo citado anteriormente, ahora podremos apreciar las interacciones complejas de todo lo que induce al comportamiento humano. Las sensaciones del mundo externo, las emociones, los instintos, el afecto asociativo y la imaginación explícita son fuentes diversas de placer (y disgusto) que de alguna manera afectan la acción y la cognición humanas. Pero, finalmente, todos ellas actúan directamente sobre el primer nivel de la motivación, y el más alto tribunal de apelación para todos los activos físicos y psicológicos del ser humano: *El Placer Inconsciente.*

Basándonos en dicha experiencia se alcanza la siguiente conclusión: las principales fuerzas determinantes que hay detrás del pensamiento y la conducta humana no son cognitivas, sino conativas, derivadas de una compulsión o conato psíquico.

De este modo, podemos obtener una comprensión mucho más fundamental de las influencias del comportamiento humano (así como animal), si pensamos en cada sensación física y elemento mental—un pensamiento, una idea, un recuerdo, una creencia—en términos de si es placentero o desagradable, y cada acción y actividad en términos de la forma en que aumenta el placer o alivia el malestar.[12]

Si pensamos en el ejemplo de procrastinación, podremos ver cómo este principio entra en acción con mayor claridad.

---

[12] Esto contrasta con el enfoque centrado en el aprendizaje, el refuerzo y la estimulación—respuesta de los conductistas. De hecho, el éxito que alcanzaron los conductistas y la generalización de sus hallazgos (de poder categorizar cualquier cosa positiva como refuerzo y cualquier cosa negativa como castigo), se debe precisamente a esta división biológica bidireccional fundamental, el placer y el desagrado, y los efectos que tiene en el placer inconsciente (algo que los conductistas de ninguna manera reconocen explícitamente).

Puede que antes nos haya desconcertado la emoción de la ansiedad, cuyo efecto es muy importante al inducir la inacción, y de lugar a que el procrastinador (en el último lapso de tiempo, antes de que se llegue al límite de tiempo para llevar a cabo su tarea) estalle en una explosión para realizar la acción del modo más decidido. No es necesario decir que, hasta esos momentos finales, la tarea inminente ya le causaba bastante ansiedad, sin embargo esa sensación no producía ningún efecto. Sin embargo, la luz nos llega cuando apreciamos la ansiedad nada más que como una sensación desagradable que experimenta la persona, cuando piensa en las cosas que sucederán si él no completa su tarea. Mientras aún quede tiempo, el pensamiento desagradable, y provocador de la ansiedad de fallar en el cumplimiento de la tarea, puede ser fácilmente descartado junto con su ansiedad, simplemente decidiendo hacer el trabajo más tarde, y posteriormente eliminar ese pensamiento de la mente (y, realmente, es así como sucede). Sin embargo, una vez que ya no hay tiempo que perder, esta maniobra deja de funcionar, y la única acción que puede aliviar su ansiedad (que ahora es más intensa) es la de finalizar la tarea.[13]

Otro hecho muy interesante digno de observar es lo íntimas e inseparables que son las respuestas emocionales de una persona a eventos futuros que están ligados a sus expectativas reales: el procrastinador, por ejemplo, no importa cuánto lo intente (y en ausencia de sustancias que alteran la mente),

---

[13] Este mismo efecto se puede apreciar en un caso similar de procrastinación, como la persona que deja de pagar la factura de su tarjeta de crédito hasta el día en que venza. Esa persona sufrirá una extraña resistencia a pagar la factura de antemano, una resistencia mayor que la que merezca cualquier acción neutra que requiera la misma cantidad de esfuerzo. Debido a que la sola idea de no pagar la factura genera ansiedad, la persona se ve obligada a evitar ese pensamiento porque es desagradable, en lugar de aliviar ese desagrado pagándola. El eludir dicho pensamiento es más cómodo en términos de esfuerzo físico que ir a pagar la factura. Esto mismo es igualmente cierto en el caso de tener que pagar una multa de estacionamiento.

nunca podrá engañarse o convencerse a sí mismo de que ya ha cumplido su tarea, o de que no existió una tarea para llevar a cabo. Del mismo modo, una persona que trata de imponerse una fecha límite, sabiendo que no habrá consecuencias graves, es absolutamente impotente para convencerse a sí mismo de que sí la habrá, o para conjurar la ansiedad que siente (tan automáticamente) al considerar una fecha límite real con consecuencias reales. Muchos de nosotros nos enfrentamos con este problema al intentar llevar a cabo nuestros propios compromisos volitivos, donde no existen plazos que nos marquen otros, y únicamente tenemos que respondernos a nosotros mismos.

Atención y el placer Inconsciente

Hay otro aspecto que deseo analizar antes de finalizar esta exposición. Tiene que ver con la multitarea: el hecho de que las personas tengan la capacidad de participar con éxito en múltiples actividades a la vez, siempre y cuando puedan dedicar la debida atención a cada una.

Este es realmente un factor psicológico de importancia crucial, pero lo analizaré brevemente aquí. Sabemos que nuestra capacidad de atención es limitada, limita, y que esa capacidad fluctúa en el transcurso de cada día, y que algunas actividades requieren una mayor atención que otras.[14]

Nuestra atención se puede utilizar para llevar a cabo dos funciones: percepción y acción. El hecho es que nuestros sentidos sólo pueden asimilar una determinada cantidad de información en cada momento. Somos capaces de percibir sólo una cantidad finita de los estímulos a los que estamos expuestos. Por otra parte, además de percibir los estímulos del mundo externo, también percibimos nuestro pensamiento e imaginación conscientes, nuestros pensamientos, asociaciones y fantasías inconscientes. Todo esto lo experimentamos a

---

[14] El cansancio o una gran comida, por ejemplo, reducen significativamente nuestra capacidad de atención.

través del mismo sistema de percepción.[15] Y todos ellos compiten por la misma cantidad finita de atención requerida para procesarlos; no podemos escuchar dos discursos a la vez y entender ambos. Si estamos leyendo un libro, no podremos mantener una conversación o pensar sobre una idea aislada. Si vemos la televisión mientras jugamos al ajedrez, nuestro pensamiento analítico se resentirá. De la misma manera, no podremos resolver un problema matemático de alguna dificultad si, además, estamos escuchando música. No podremos concentrar nuestra atención en otras cosas mientras estemos completamente absortos en el mundo exterior, y viceversa. Durante el sueño el pensamiento consciente es prácticamente inexistente y el esquizofrénico, en su fantasía, tampoco puede ver el mundo o mantener el control sobre su pensamiento consciente.

Sin embargo, la acción voluntaria también trata de conseguir una cierta cantidad de atención. Así como la percepción de las sensaciones en una parte del cuerpo requiere atención, también lo hace el mover esa parte del cuerpo. De hecho, ambas cosas son inseparables: cada vez que perdemos la sensación en una parte de nuestro cuerpo (por cualquier medio), descubrimos que también hemos perdido la capacidad de moverlo.[16] Ciertamente, la mayoría de nosotros que hace algún deporte, habrá tenido la oportunidad de observar que jugamos peor y reaccionamos más lentamente cada vez que nos enfrentamos a pensamientos diversos, cuando nuestra atención está en otra parte. De modo análogo, cuando tenemos un especial interés en observar algo mientras caminamos, es muy probable que tropecemos.

---

[15] En realidad los escuchamos y los vemos; y en el caso de las fantasías a veces podemos sentirlas, saborearlas y olerlas.

[16] Quizás algún día se descubra que tanto el movimiento como la acción voluntarios se diferenciaron en algún punto de la historia evolutiva de la percepción, y que ahora es simplemente una forma especializada de percepción, en lo que se refiere a nuestro sistema nervioso.

Así, podemos considerar la observación del mundo y la fantasía como una forma de percepción pasiva. El pensamiento consciente, sin embargo, se caracteriza por ser voluntario y deliberadamente bien definido. De hecho, podemos apreciar que el pensamiento y el razonamiento conscientes realmente requieren mucha atención, a pesar de que el contenido de lo que nuestros sentidos perciben (a partir de las palabras audibles y las imágenes visibles que maneja) no es muy grande.

La razón por la que se necesitaba abordar este concepto de la atención es que es precisamente la atención sobre la que el placer inconsciente ejerce su control, para conseguir su objetivo de aumentar el placer y disminuir el desagrado. Conscientemente usurpa nuestra atención al servicio de pensamientos, acciones, asociaciones y fantasías que funcionan para brindarnos placer o aliviar la incomodidad.

Por último, debemos reconocer que existe en nosotros, en todo momento, la mayor necesidad de utilizar toda nuestra atención, lo que se pone de manifiesto muy evidentemente al experimentar un gran desagrado cuando sentimos que no utilizamos la totalidad de nuestra capacidad de atención.

En casos como este, buscaremos salidas para nuestra atención no utilizada. Si jugamos al ajedrez con un oponente más débil, intentaremos complementar esta actividad con otra, por ejemplo, ver la televisión, escuchar música o jugar otra partida de ajedrez simultánea. Muy a menudo esto se pone de manifiesto en movimientos inconscientes, como juguetear con algo en las manos o pasear por la habitación, y si tal acción también sirve para aumentar el placer o aliviar el descontento, mucho mejor.[17]

---

[17] Romper inconscientemente algo, o romperlo con las manos, relaja la frustración; hacer las cosas con pulcritud y orden reduce la incomodidad; y acariciarse la propia piel o el cabello alivia la ansiedad, reduce el nerviosismo.

Atención y Fuerza de Voluntad

En esta situación se presenta, de nuevo, una interacción interesante, en la que los sentimientos de placer y desagrado, simultáneamente, llaman nuestra atención y, como son sensaciones físicas, requieren que se perciba la atención. Al igual que con todos los estímulos, mientras más atención se le dedica a uno de ellos, más vívidamente es percibido. Esto, por supuesto, está en completo acuerdo con las funciones del placer inconsciente, ya que lo primero que necesita un estímulo (ya sea doloroso o placentero) para afectar la cognición de una persona es que ella lo perciba. Por lo tanto, es natural que cuanto más intensa sea la sensación, más atención le prestará automáticamente la persona.

El curioso matiz reside en el hecho innegable de que los humanos son capaces de ejercer cierto control consciente sobre a dónde dirigir su atención. Podemos reconocer esta habilidad, y la aptitud que tiene una persona para utilizarla, ya que se trata de lo que la gente habitualmente llama fuerza de voluntad. Esta fuerza de voluntad se encuentra en abierta competencia con el placer inconsciente y, a menudo, incluso está sometida por el placer.   A una persona le resultará muy difícil dedicar su atención a pensamientos, o sucesos externos, que no le proporcionen placer, o le permitan recobrar su bienestar aunque, en las ocasiones en que lo intente, se dará cuenta de que no puede mantener la atención por mucho tiempo.[18]

Ahora bien, la capacidad consciente de una persona para elegir aquello a lo que desea prestar atención, la puede emplear de otra manera indirecta para controlar su placer inconsciente aunque, casi siempre, es superado por el placer inconsciente cuando se trata de pensamientos o sucesos externos. La persona puede enfocar conscientemente su atención en las

---

[18] Sin embargo, hay ocasiones en que puede hacerlo (cuando las compulsiones de su placer inconsciente se satisfacen temporalmente) y éstas se discutirán en los próximos capítulos.

cosas que está sintiendo, y así moderar (al menos hasta cierto punto) la magnitud de su placer y desagrado.[19] Esto, a su vez, permite que una persona que está experimentando múltiples efectos desagradables seleccione conscientemente a qué incomodidad se enfrentará primero, en lugar de atraer irresistiblemente a los más intensos, ya que, de hecho, puede controlar su intensidad.

Tomando todas estas ideas en consideración, vamos a pasar al siguiente capítulo, en el que exploraremos más a fondo los matices de la fuerza de voluntad, la atención y el placer inconsciente.

---

[19] En general, cuanto mayor es la atención que genera la ansiedad ante una sensación, ésta se hace más intensa. Por ejemplo, prestar atención a un picor o dolor físico lo hará sentir más intenso, mientras que desviar su atención de él hará que disminuya, al menos parcialmente. Este fenómeno es responsable de muchos de los efectos moderadores del dolor que tiene la hipnosis.

Capítulo 4

Cómo funciona el placer inconsciente

Comenzamos este libro presentando cinco ejemplos de comportamientos humanos peculiares, que ocurrieron de modo contrario al mejor juicio y fuerza de voluntad de las personas que los llevaron a cabo. Esos, y otros comportamientos similares, caen dentro de las categorías de adicción, procrastinación y pereza: en cada caso, la persona estaba muy presionada o no podía llevar a cabo la acción que deseaba, o tenía dificultad para abandonar una acción que, realmente, no deseaba seguir desempeñando.

Posteriormente, procedimos a evaluar los diferentes factores contrapuestos que se presentaban en cada situación y que llevarían a una persona a adoptar ese comportamiento a pesar de sus mejores intenciones. Descubrimos que tenía que ver con un conflicto psicológico entre el comportamiento real, el resultado de ese comportamiento y las acciones necesarias para comenzar una nueva actuación, o bien abandonar aquella en la que se encontraba para comenzar la nueva actuación. Hemos podido comprobar que este tipo de conflicto a veces puede estar influenciado por la emoción de la ansiedad. Pero, aparte de eso, no sabíamos muy bien qué fuerzas psicológicas reales estaban entrando en juego, oponiéndose entre sí como árbitros de dicho conflicto.

Ahora sabemos exactamente cuáles son esas fuerzas psicológicas en su nivel fundamental: son el placer y su opuesto, el desagrado. Con esta nueva visión del problema, vamos a poder comprender y corregir los comportamientos perjudiciales expuestos al comienzo de este libro, y un sinnúmero de otros análogos. La clave para ello no radica en recurrir a la lógica de una persona, o cultivar su fuerza de voluntad, sino apelando a las funciones profundamente arraigadas relativas al placer inconsciente.[20] Pero antes de afrontar estas cuestiones, vamos a hacer un estudio más preciso de cómo funciona el placer inconsciente y, de este modo, hacer un balance total del placer, de reconocer las estrategias psicológicas que poseemos para redirigirlo, controlarlo y explotarlo.

Motivación del desagrado versus motivación del placer

Existe una diferencia fundamental entre las acciones motivadas por la reducción del disgusto, desagrado, descontento o como queramos llamarlo, y las motivadas por el aumento del placer. Por un lado, el descontento motiva un curso de acción muy específico: el que se necesita para deshacerse de ese desagrado, o al menos calmarlo parcialmente. El placer, por otro lado, se puede lograr a partir de una variedad de fuentes diferentes.

Por lo general, una persona solo dispondrá de unos pocos modos, si no uno solo, mediante el cual pueda liberarse de su disgusto o incomodidad. El hambre se puede calmar al comer, la frialdad al calentarse, el cansancio al dormir, la rigidez al estirarse, la picazón al rascarse, tener deseos de orinar al orinar, el dolor físico al eliminar lo que lo causa, y así sucesivamente. Y esto también se aplica a las emociones: la persona triste deseará la felicidad, la persona enojada deseará la venganza, la persona ansiosa querrá escapar de la situación que provoca ansiedad, etc. Asumiendo que el curso de acción necesario para conseguirlo es evidente para la persona, lo que es cierto generalmente, su atención se dirigirá poderosamente hacia los

---

[20] Sabemos que estos dos primeros métodos simplemente no funcionan, excepto cuando también cumplen esta última condición, la de aprovechar el placer inconsciente.

pensamientos sobre cómo qué acción ejecutar y cómo se debería llevar a cabo. Una persona hambrienta se encontrará pensando en la comida y cómo obtenerla; una persona cansada pensará en dormir un rato; una persona excitada pensará en el sexo; una persona enojada pensará en la venganza, etc.[21]

Aumentar el placer es otro asunto. Esta compulsión se satisface, al menos en gran medida, por cualquier aumento de placer, ya sea de forma leve leyendo las noticias con tranquilidad, o moderadamente escuchando música, o de forma notable teniendo relaciones sexuales. Una persona en un estado neutro de placer (aburrido) experimentará cierta afinidad por todas aquellas acciones que puedan ser algo placenteras. Lo que realmente elija va a depender en gran medida de otros factores, como la cantidad de esfuerzo (desagradable) que se necesite para comenzar y las consecuencias que puedan esperar. En este escenario, donde una persona tiene una variedad de acciones posibles ante si, y que le reportan un incremento de placer, tanto su fuerza de voluntad como la razón pueden tener una gran influencia sobre sus acciones finales.

La conclusión práctica de esto que acabamos de considerar es que debemos tomar conciencia de si el comportamiento que estamos tratando de controlar está motivado por aliviar el descontento o por adquirir placer; comportamientos como fumar o masturbarse pueden, en diferentes momentos y para la misma persona, estar motivados por alguna de las dos o por ambas a la vez. Este es un matiz importante a tener en

---

[21] Hay, por supuesto, momentos en que una persona no sabrá de ninguna acción precisa que pueda llevar a cabo para eliminar su malestar, especialmente si la fuente del mismo es compleja: una persona deprimida o una que está frecuentemente ansiosa no tendrá idea de las causas de su emoción. Pero, incluso entonces, su atención se verá atraída por este descontento de todos modos, y lo más probable es que trate de descubrir racionalmente algún curso de acción y/o solución para ello. Podemos predecir que sus pensamientos se difuminarán, generalmente, con la comprensión de las soluciones a su problema.

cuenta, porque tratar con cada uno requiere un método diferente.

El placer procedente de diversas fuentes

Una pregunta muy importante que debemos abordar es: ¿Cuánto control tenemos realmente? Muy a menudo, si no casi siempre, la mayoría de las personas sienten que tienen control total sobre sus pensamientos y acciones, que son dueños de sí mismos y de su propio destino. ¿Es esto una ilusión?

En parte, sí. El placer inconsciente es extremadamente oscuro, y notarlo dentro de uno mismo y hacer que su existencia sea explícita es difícil. Está tan bien escondido de nuestra consciencia que damos por hecho todos sus efectos sobre nosotros, su absoluto dominio sobre nuestras mentes. No requiere ninguna explicación y está, en el sentido más directo, implícito.[22] Y mientras tanto, este sistema totalmente inconsciente busca en todo momento estar satisfecho, siempre está presente, no solamente en algunos breves momentos, como lo hacen nuestras emociones, sino como una fuerza que está siempre presente en nuestras vidas.

No obstante, es cierto que los seres humanos somos capaces de ejercer conscientemente algún control sobre aquello a lo que prestamos atención, aunque generalmente esto tiene lugar en feroz competencia con el placer inconsciente. Será muy difícil enfocarse en algo que no nos genere placer o reduzca el desagrado. La mayoría de las veces que nos sentimos bajo control estamos simultáneamente cediendo a los esfuerzos del placer inconsciente. Si tratamos de recordar con

---

[22] A menudo una persona no se da cuenta del papel que juegan las emociones al orientar su razón—de repente surge y no tiene ni idea de por qué quiere evitar algo, golpearse o tirarse a un hoyo, pero sin duda sabe que lo quiere y puede emplear cualquier racionalización para dar una falsa razón a esa necesidad—es aún más difícil para él reconocer la parte más básica y subyacente, la que fundamentalmente es responsable de todos esos deseos: el placer inconsciente.

precisión algo doloroso, o si tratamos de leer un libro aburrido que no nos produce ningún placer, a cada momento aparecerá en nuestras mentes alguna asociación con algo más placentero y, si tratamos de descartarlo, lo haremos durante un espacio breve de tiempo hasta que otra cosa que sea placentera centre nuestra atención.

Sin embargo, no es raro que podamos dedicar dicha atención (o al menos parte de ella) a algo que sólo genere disgusto o sea neutral. Después de todo, nuestra atención no necesita dedicarse a una sola cosa, sino que puede dividirse en múltiples pensamientos, actividades y percepciones. El placer inconsciente, si no se está experimentando desagrado, simplemente pretende un aumento en la sensación placentera, y esto puede satisfacerse con sólo una parte de nuestra atención.

El placer inconsciente no es realmente difícil de saciar. Aunque la mente humana sin duda buscará placer cuando no lo hay, en su mayor parte se contenta con solo una pequeña dosis, o mejor dicho, un pequeño aumento de placer. Una persona a menudo puede conseguir esta pequeña cuota invirtiendo sólo una pequeña porción de su atención para lograrlo. Hay una gran variedad de posibilidades para alcanzar el placer: percibir un olor agradable, contemplar bellos paisajes, pinturas o esculturas, escuchar música, sentir placer con la brisa fresca o una ducha caliente, comer una comida sabrosa, tomar drogas, realizar una tarea compleja, jugar, hacer ejercicio, leer un libro interesante, experimentar una emoción placentera, dar vueltas a un pensamiento intrigante, fantasear, ver telecomedias, salir con amigos, etc., etc. Naturalmente, algunas de estas actividades requieren más atención que otras, y algunas, además, son más placenteras que otras. Y, por supuesto, no hay una superposición perfecta entre ambos factores.

Sólo cuando podemos obtener placer con una parte de nuestra atención, somos libres de invertir el resto de ella en un pensamiento o tarea de nuestra propia elección. Después de todo, no es desagradable hacer las tareas domésticas mientras se escucha música (o cuando se está borracho), pensar en algo neutro mientras se monta en bicicleta o se va a nadar, o escribir un ensayo mientras se bebe una taza de café. Es durante estos momentos, en que no desperdiciamos ninguna atención al experimentar placer, cuando nos volvemos capaces de las hazañas más grandes.

El placer es relativo

Es importante recordar que el placer inconsciente no sólo busca placer, sino que busca aumentarlo. Y esto tiene efectos muy interesantes en las acciones manifiestas de una persona. Si una persona experimenta una pequeña cantidad de placer—por ejemplo, si está escuchando una canción que le gusta mientras trabaja en una tarea que de otro modo sería desagradable—no tendrá un especial interés en cambiar de actividad para hacer algo que le produzca más agrado, a pesar de que podría dedicar fácilmente los recursos mentales que está utilizando en esa acción para jugar con la *Play*, lo que le produciría más placer.

Esto se debe, en buena medida, a que la mayor parte de su atención ya está invertida en la doble actividad de escuchar la canción mientras hace los deberes, y no dispone de atención sobrante para pensar en actividades más placenteras. Otro factor a tener en cuenta es que la anticipación de un mayor placer, como el que obtendría del videojuego, a menudo no es lo suficientemente fuerte como para dominar el placer real que ya está experimentando, por lo que no se siente forzado a cambiar esa actividad por otra. Pájaro en mano vale más que ciento volando. Pero si la atención de esa persona se desvía de la tarea por algún motivo (por ejemplo, recibe una llamada telefónica) o todo el proceso se vuelve desagradable (se cansa de la música, o de la tarea o de ambas), se verá obligado a buscar una actividad más placentera y, con frecuencia, sucumbirá a esa compulsión.

Sin embargo, se producirá un efecto completamente opuesto si una persona intenta pasar de realizar una actividad muy placentera (como jugar con la *Play*) a una menos placentera (como escuchar música mientras hace las tarea del hogar), aun siendo objetivamente agradable. Esto constituye una disminución en la sensación de placer, y el *modus operandi* del placer inconsciente hace que la persona sea extremadamente reacia a tal cambio. Le costará mucho renunciar a un gran placer por otro más pequeño. Y esa transición generalmente sólo se logra si tiene lugar algo más desagradable entre esas dos actividades.

Esta es la razón por la que podemos hablar de placeres superiores e inferiores, y eso es lo que justifica que una persona cuya vida está llena de éxitos, y experimente las sensaciones más extraordinarias, no vea tan atractivas en ese momento otras formas más pobres de disfrute, como jugar videojuegos, emborracharse o masturbarse.

El placer en las actividades

Debería entenderse que cuando consideramos que una actividad se considera placentera es sólo un resumen de toda la gama de matices de las sensaciones experimentadas durante esa actividad. Es como un promedio de los altibajos—las experiencias placenteras y las desagradables—que generalmente tienen lugar en rápida sucesión durante la mayoría de las actividades.

Algo que hace que muchas de estas actividades se sientan como placenteras es que consumen una gran parte o, a veces, toda la atención de una persona. Y esto, como ya mencionamos, supone un esfuerzo muy apreciable de la mente humana y, además, está impulsado por el placer inconsciente. Jugar (al ajedrez, por ejemplo), o construir una pequeña estructura (supongamos una mesa), o crear una pintura, o escribir un artículo, o programar un sitio web, o hacer una sopa, etc., todo ello comparte las mismas características debido a estar muy involucrado y ello es estimulante. Por supuesto, sabemos que el pensamiento dirigido requiere una gran cantidad de atención.

En cada una de esas actividades la persona piensa constantemente en lo que la situación requiere a continuación; dividiendo el problema más grande en piezas más simples y más pequeñas; pensando en cómo debería lograr cada pieza; luego, ejecutando físicamente las acciones necesarias; y, finalmente, pasar al siguiente obstáculo. Aunque este proceso no siempre es placentero, cada vez que se logra un pequeño paso, sencillo o no, se experimentará de forma natural una emoción relacionada con la felicidad. Se sentirá satisfacción, una sensación de logro, y esto es sin duda placentero.[23] También se sentirá una sensación de alivio anticipado y cierta emoción por la perspectiva de estar alcanzando la meta, y llevar esa actividad a un final exitoso. Esto también es placentero y motiva a continuar con la tarea.

Un matiz interesante de esta forma de participar en una actividad es que el disfrute que una persona obtiene de ella depende en gran medida de su capacidad para participar en él. Y esto depende, a su vez, de la cantidad de atención que pueda dedicar a la actividad. Por ello, cuando la capacidad de atención de una persona disminuye de forma natural a lo largo del día—cuando se cansa o come demasiado, o si su atención es debilitada por otra cosa, o bien se distrae con algo más placentero, o algo desagradable le obliga a dedicarle su atención—la actividad, que antes le resultaba placentera, ahora se vuelve claramente desagradable.

Esto se debe, en parte, a que ya no puede ejecutar con éxito los pasos necesarios en su tarea, porque no dispone de suficiente atención para superarlo, y esto le priva de las sensaciones satisfactorias, es decir, de los estallidos de felicidad que se sienten cuando se tiene éxito. También es debido a su nueva incapacidad para evaluar conscientemente qué pasos dar a continuación, o si esos pasos son los correctos. Esto lleva a la incertidumbre y al sentimiento de temor, e incluso de ansiedad, sobre el resultado alcanzado, a diferencia del alivio anticipado y la emoción que sintió cuando confiaba en el éxito.[24]

---

[23] La emoción de la felicidad se activa automáticamente cuando una persona reconoce que lograr un placer o aliviar un desagrado fue el resultado de su propio esfuerzo: que él era un agente activo responsable de su propio bienestar.

[24] Y esto generalmente hace que la persona retraiga su atención aún más de la tarea en cuestión, ya que ya no es placentera: un ciclo de

Todas las cosas que pueden ser placenteras al llevar a cabo una actividad se exhiben de forma muy evidente en los juegos, y aún más en los videojuegos. Cada parte de un videojuego es nueva, llena de emoción y sorpresa (si el juego es bueno), y el jugador debe afrontar constantemente pequeños retos y superar obstáculos para avanzar hacia el objetivo final y ganar la partida. El jugador está motivado por el progreso en el juego, y experimenta un sentimiento de emoción y una anticipación de la alegría futura, así como una curiosidad por lo que sucederá a continuación.[25] Muchos videojuegos no requieren mucha participación consciente para progresar en ellos, y pueden seguir siendo agradables (aunque algo menos) cuando la persona está cansada, o cuando su atención se divide, o si de alguna otra manera dicha atención se ve disminuida.

Es por esta tormenta perfecta de factores placenteros por lo que los videojuegos son tan adictivos. Curiosamente, gran parte de sus efectos agradables desaparecen una vez que la persona finaliza con éxito el juego y ya sabe qué esperar de él.

Emociones placenteras

Las emociones positivas son una fuente de placer muy distinta. Lo que las hace tan únicas y fascinantes, desde un punto de vista motivacional, es que son persistentes. Es decir, pueden ser una fuente de placer pasando desapercibidas. No hay muchas emociones positivas, en comparación con las negativas: están la felicidad, la emoción y el afecto / amor.

Después de un evento muy exitoso, la emoción de la felicidad puede permanecer como un placer persistente durante horas, o incluso días, haciendo que una persona consiga dedicar la totalidad de su atención a lo que le parezca, sin

---

retroalimentación positiva.

[25] A menudo, una persona que juega un videojuego simpatizará con el personaje en el juego, sintiéndose como si él mismo estuviera viviendo en un emocionante mundo de acción y aventuras, en lugar de simplemente controlar un videojuego.

experimentar los imperativos opresivos del placer inconsciente, ya que están satisfechos. Además, estas emociones son capaces de proporcionar un mayor placer que el que se puede obtener de cualquier otra fuente. De hecho, estas emociones proporcionan los picos más altos que los seres humanos son capaces de experimentar.

Las drogas pueden tener un efecto similar, pero la mayoría de las drogas tienen una influencia sobre la pérdida de la atención y la cognición, aparte de proporcionar placer.

El factor social

Como el lector perspicaz ha podido comprobar, no se ha hecho apenas mención acerca de las interacciones interpersonales en este libro. En los cinco ejemplos con los que comenzamos, las personas estaban aisladas y atascadas, tratando de resolver sus problemas por sí mismas. Desde luego, existía una muy buena razón para ello.

El hecho es que son precisamente esos factores sociales—las influencias que otras personas tienen sobre nuestras propias experiencias y motivaciones—los que desempeñan, con diferencia, el papel fundamental para alejar de nuestra consciencia el empuje y la atracción siempre presentes del placer inconsciente. Esto se debe a que las relaciones interpersonales están plagadas de emociones y otras satisfacciones y disgustos, cuyas influencias da por sentadas, generalmente, la mayoría de nosotros. Hay que decir que, casi siempre, hay algún tipo de motivación compleja en las condiciones sociales: podemos tratar de hacer reír a los demás, o pueden hacérnoslo a nosotros; podemos sentir ansiedad por decepcionar a algunas personas o ser criticadas por ellas; podemos intentar actuar sobre nuestra atracción sexual hacia alguien, o al menos imaginar cómo hacerlo, o divertirnos en actividades grupales que realmente disfrutamos. En general, el proceso de interacción social contiene muchos aspectos de una actividad en la que nos comprometemos y resulta emocionante.

Debido a que la mayoría de las personas se encuentran en estas situaciones constantemente, y durante la mayor parte de sus vidas, casi siempre se observan a sí mismos actuando de maneras bastante razonables y orientadas de acuerdo a la situación. Esto se debe a que la motivación de las situaciones sociales es grande, poderosa e intrincada (los humanos son, después de todo, animales sociales), dejando a las personas sin apenas capacidad de reflexión para considerar los factores psicológicos fundamentales que subyacen a su comportamiento. Por otra parte, los seres humanos están bastante mal equipados para el ejercicio de la introspección desde el principio de su evolución.

Cuando una persona se encuentra libre de la mayoría, o de todas, las influencias sociales, generalmente descubre en sí mismo una gran falta de motivación para hacer las cosas que antes consideraba importantes. Sin el empuje por cumplir lo que otros requieren de él (como en su trabajo, o en la escuela, o en un entorno familiar), o el entusiasmo por conseguir el elogio (presumir y mostrar sus logros, o contar historias de sus obras virtuosas), o la otra gran variedad de placeres que sólo las relaciones interpersonales pueden proporcionar, una persona probablemente se encontrará completamente dominada por la necesidad de buscar el placer, y de modo rápido y predeterminado, frecuentemente los placeres más bajos y fáciles disponibles.

Una persona abandonada de esta manera a sus propios recursos, y a merced de su placer inconsciente, probablemente será consumida por él, al menos durante un tiempo, hasta que una especie de auto-repulsión, o algún otro factor, finalmente lo aleje de él. Son muchas las personas que se quedan atrapadas en tal situación, y son "devoradas" por el placer inconsciente. (Esto lo decimos en sentido figurado, por supuesto)

Capítulo 5

El marco mental de la motivación

Habiendo llegado a este punto nos habremos familiarizado con los diversos matices del placer inconsciente y las formas en que estos se manifiestan en el comportamiento humano. Comprendiendo todo ello, ahora podemos desarrollar los métodos para controlarlo y utilizarlo a conveniencia de modo consciente. Sin embargo, nos resultará enormemente útil examinar primero el marco psicológico en el que se producen realmente todos los conflictos de motivación dentro de la mente humana.

Las tres partes de una actividad prevista

Es hora de tomar las riendas para abordar nuestra primera investigación, en la que hemos dividido en tres partes la tarea prevista: las acciones necesarias para comenzar, el desarrollo de la tarea en sí misma, y sus consecuencias. Todas éstas son indudablemente estratificaciones psicológicas reales, que son un producto emergente de la mente humana, y no sólo categorías útiles que elegimos arbitrariamente para facilitar nuestro trabajo descriptivo. En la mente de una persona, cada aspecto se trata de manera concreta y generalmente la afecta por medio de un tipo específico de placer o desagrado. En este punto vamos a dejar absolutamente claro cómo ocurre este proceso mental.

Cada una de las tres partes de una tarea prevista lleva asociada su propia contribución de placer o desagrado cuando una persona piensa sobre ella. Esto ocurre porque las acciones y los escenarios anticipados, futuros o simplemente imaginarios, se vuelven "reales" para una persona cuando piensa en ellos, lo que nos permite ser capaces de evocar placer o malestar en el presente, cuando estamos pensando en ellos.[26] Por supuesto, todos los sentimientos de placer y desagrado sólo pueden ser experimentados en el presente, y es precisamente por eso por lo que los pensamientos del futuro (como las tareas previstas que estamos considerando aquí) afectan a una persona al mismo tiempo que las demás sensaciones físicas que proceden de fuentes externas en ese momento. De esta manera, el placer o desagrado que siente una persona cuando piensa en una tarea la obliga a aceptarla o evitarla, estando todo ello inmerso en el mismo proceso inconsciente fundamental por el cual ella (o bien otro ser vivo, como puede ser un animal) buscaría pasar de la sombra fría a la cálida luz del sol, a no ser que el hacerlo supusiera mucha incomodidad o exponerse a un peligro.

La razón por la que esto normalmente nos sirve para satisfacer al menos los imperativos del placer inconsciente, es que el placer o desagrado que experimentamos con anticipación a la realización de una tarea (en cada uno de sus tres aspectos) está muy relacionado con el placer o desagrado real que experimentamos cuando nos comprometemos con ello. Esto se debe a que nuestras anticipaciones están vinculadas de manera inconsciente y firme a nuestras experiencias similares vividas con anterioridad, en el pasado. En otras palabras, nuestras expectativas están fuertemente ligadas a la realidad o, al menos, a nuestra experiencia previa de ella. De hecho, es inevitable que esto ocurra. Como ya hemos mencionado, es prácticamente imposible para los seres humanos el engañarse a sí mismos y creer que las consecuencias de una acción serán peores de lo que realmente son (como en los plazos autoim-

---

[26] De hecho, una función crucial de la imaginación humana es la que permite a una persona experimentar sus pensamientos y fantasías como si fueran percepciones, como algo parecido a la realidad externa, como algo que siente que le está sucediendo físicamente.

puestos), y lo mismo ocurre en el caso de que ese hecho hubiera sido placentero. No podemos evitar representar el futuro de forma "realista", al menos con lo mejor de nuestro conocimiento.

No hay duda de que ese tipo de representación inconsciente puede ser susceptible de fallos e imprecisiones. Ciertamente lo es y más adelante veremos algunas formas en que esto sucede. Sin embargo, la correlación entre las experiencias futuras reales y nuestra representación mental anticipada de ellas es muy alta, y cuanto más experiencia tengamos de una actividad particular, más realista será el modo en que la representemos inconscientemente, con anticipación, como una previsión. Sin embargo, este asunto es completamente diferente en el caso de que tengamos muy poca, o casi ninguna experiencia de una actividad. Entonces, estaremos en condiciones muy limitadas para poder representarla completamente de manera ficticia, y posiblemente tenga muy poco que ver con la realidad, a la vez que estará asociada muy frecuentemente a una elevada ansiedad.[27] Ahora bien, la mente humana siempre intenta encontrar una representación de aquello a lo que la persona se vaya a enfrentar, aunque sea algo completamente desconocido, tomando en consideración alguna información que la mente considere como algo análogo. La consecuencia de ello es que, ocasionalmente, la representación anticipada pueda ser muy imprecisa o completamente arbitraria.

Veamos ahora los tipos específicos de afecto que generalmente evoca cada componente de una tarea prevista. Aunque ciertamente puede variar, el tipo de placer o desagrado que experimenta una persona en relación con cada una de las tres partes de una tarea futura suele ser el siguiente:

    1.) Comienzo de la tarea: el factor de esfuerzo para comenzar una tarea viene a ser el esfuerzo llevado a cabo

---

[27] La ansiedad, como emoción, se manifiesta de manera instintiva cuando no podemos imaginar un escenario o actividad futura, y esperamos algún peligro de ella.

para ponerse en el punto de arranque.[28] El resultado, por lo general, solo evoca incomodidad, ya que el comienzo de cualquier tarea requiere un poco de esfuerzo.

2.) La tarea en sí misma: el factor de placer de la tarea misma, por lo general, se deriva de la experiencia real que la persona anticipa de la tarea, generalmente basada en sus experiencias con ella en el pasado.[29] También depende en gran medida del placer o desagrado que la persona está experimentando justo antes de comenzar (recordemos que el placer es relativo).[30] En general, esto supone una buena representación del placer que la persona realmente obtendrá de la actividad cuando se involucra en ella.

Sin embargo, esta representación puede ser algo inexacta debido a la tendencia subconsciente que las personas poseemos para dar más valor a las experiencias recientes que a las más lejanas, y a las expe-

---

[28] Esto supone que la persona sabe lo que debe hacer para comenzar la tarea. Pero si la tarea es nueva, es probable que sobreestime o subestime lo que le va a costar, según las directrices que tenga que seguir.

[29] ¿No es posible que no sean estos los que marcan los medios de los altibajos de la tarea, como mencioné en la sección "El placer en las actividades"? Me refería a un promedio de las experiencias durante el curso de la actividad, cuando la persona está a mitad de su realización. Con eso, podríamos hacer declaraciones generales y decir que la actividad es, en general, placentera o desagradable. En este caso, cuando la tarea es solo una perspectiva futura, la persona realmente tendrá una manifiesta sensación de placer derivado de la tarea en su mente; y será una anticipación de esa tarea, como una sensación presente de placer (excitación) o desagrado (pavor).

[30] A veces, la idea de orinar es muy placentera (es decir, cuando la persona se siente abrumada por una gran incomodidad debido a esa necesidad imperiosa). Y a veces la idea de jugar un videojuego puede ser claramente desagradable (generalmente, cuando la persona ya está involucrada en algo más agradable y gratificante).

riencias desagradables que a las placenteras. La representación es muy imprecisa cuando la persona no tiene ninguna experiencia de primera mano de la actividad y basa su anticipación en cualquier información escasa que tenga (o no). En esos casos, la sensación asociada a dicha representación se ve reforzada debido al desagrado producido por la ansiedad.

3.) Las consecuencias: el factor de satisfacción debido al resultado de la tarea suele ser emocional. Con mayor frecuencia, la anticipación del resultado evoca o la emoción de la excitación o la emoción de la ansiedad. Pero también puede provocar desagrado, o alivio, o temor.

Esas tres dimensiones de una tarea prevista, junto con sus efectos comúnmente evocados, se ilustran en la *Figura 2*.

Principales Factores de Placer o Desagrado:

(Todos contribuyen a afrontar la actividad)

La Dificultad para Comenzar:

(Temor ante el esfuerzo proporcional a su dificultad)

Lo Agradable o Desagradable que es (o parece que es):

(La ansiedad también puede estar presente)

La Recompensa cuando se completa la tarea o el perjuicio cuando no se cumple:

(generalmente de tipo emocional: Ansiedad o Temor vs Entusiasmo)

Es importante notar que en la Figura 2 estamos, por así decirlo, intentando representar una estructura tridimensional en solo dos dimensiones. Estos tres aspectos de una tarea están realmente involucrados en un proceso de pensamiento muy real—aunque sobre todo inconsciente—que tiene lugar en la mente de una persona cuando considera si debe actuar o no. Durante el proceso de pensamiento real de esta persona, estos tres vectores de la tarea no vienen a su mente todos a la vez, por el contrario, aparecen en sucesión, aunque a veces sea muy rápida, en un plazo de unos pocos segundos.

Casi siempre, lo primero que se le viene a la mente a la persona es la noción de la tarea en sí misma o la idea de sus consecuencias, y los pensamientos sobre lo que debe hacer para comenzarla surgen posteriormente de forma natural. Además, la persona no siempre considera las tres partes de una tarea antes de tomar una decisión. Algunas veces, solo considerará la idea de la actividad en sí misma (si es particularmente agradable) o sus consecuencias (generalmente cuando son especialmente apremiantes), y solo eso será suficiente para obligarla a emprenderla. Tampoco es raro que una persona se comprometa en una tarea sin prestar atención a sus consecuencias, aún cuando sean muy bien conocidas: es posible que simplemente no se le ocurra en ese momento, o que evite deliberadamente pensar acerca de ellas.

Sin embargo, una gran mayoría de las veces, los tres componentes de una tarea acuden a la mente de la persona, y cada uno desempeña su papel a inducirla para participar en la tarea o abstenerse de hacerlo. Esto es especialmente cierto cuando alguien se encuentra en la disyuntiva de emprender una tarea o no. En este caso, estos tres aspectos pueden venir a su mente una y otra vez, y tendrá que ocuparse de una dolorosa deliberación y sopesar los tres aspectos enfrentándolos uno frente a los otros. Por ejemplo: una persona puede pensar en un encargo que debe ejecutar, y luego imagine lo desagradable que será hacerlo, y cuando decida que aún vale la pena intentarlo, tome en consideración el esfuerzo que debe hacer para comenzarlo para, finalmente, terminar sin hacer nada en absoluto. Con frecuencia puede recordar este encargo (es decir, las consecuencias de dejarlo sin hacer), y una y otra vez pasar por el mismo proceso de pensamiento, y obtener el mismo resultado, recreándose perpetuamente en la inacción.

En otras ocasiones, una persona puede considerar una acción placentera, luego pensar en sus consecuencias negativas y/o los pasos que debe dar para comenzar, y desanimarse de la misma manera, para terminar una vez más sin hacer nada. De nuevo, es probable que esto se convierta en una cadena de pensamientos que se produce continuamente, y también conduzca, en la mayoría de los casos, a la inacción.

Motivación para continuar la actividad actual vs. comenzar una nueva actividad

En la Figura 2, hemos representado el incentivo del placer de una actividad prevista y podemos utilizarlo como un modelo para hacer estimaciones aproximadas acerca de lo fantástico que será la idea de llevar a cabo esa nueva tarea. Pero si queremos ser capaces de predecir si una persona realmente emprenderá esa actividad o no, tenemos que incluir en nuestro modelo otros dos factores.[31] Esto se deriva de lo que se explicó en el Capítulo 2, en el sentido de que comenzar una actividad también significa renunciar al placer que pueda estar aportando otra.

Podemos considerar todo lo que esté haciendo una persona en el momento presente como una actividad, aunque solo esté acostado en su sofá completamente aburrido. Esto es útil porque nos permite estimar cuánta atención está empleando realmente, y cuánto placer está experimentando. Con ello, podemos comparar el placer o el desagrado que le proporciona el momento presente, debido a su actividad, con la ganancia de

---

[31] Hacer todo esto, por supuesto, requiere conocer la cantidad de placer y desagrado que cada parte de la tarea evocará. Y aunque determinarlo puede no ser un trabajo fácil o preciso cuando se trata de otras personas, es bastante plausible cuando se trata de nuestros propios sentimientos y comportamiento.

placer que puede experimentar ante una actividad prevista. Y, lo que es más importante, nos permite determinar las consecuencias de abandonar su actividad actual, que sin duda desempeña un papel motivador clave para abordar, o no, la nueva actividad.

Sabemos a ciencia cierta que el procrastinador que debe apresurarse a escribir su trabajo, evita en el último minuto dedicarse a realizar una actividad más agradable por las consecuencias que pueda tener: suspender el curso. En este caso, la ansiedad desempeña el papel de un supervisor, es decir, regañarle cada vez que pensara en renunciar para dedicarse a hacer algo más divertido. Por lo tanto, la ansiedad no solo induce a que la persona finalmente comience su tarea, sino que, en el caso del fumador que quiere abandonar el tabaco, también le impide dejar de fumar cuando lo está intentando.

Por supuesto, podemos ver las consecuencias de abandonar la actividad actual solo como una parte de las consecuencias de comenzar una nueva, pero existe una distinción psicológica entre las dos dentro de los procesos de pensamiento reales de una persona. Aunque a veces los dos conjuntos de consecuencias llegan a la mente de una persona simultáneamente, a menudo una persona piensa en ellos por separado, y los considera subconscientemente como dos entidades separadas. Puede ser solo una cuestión de semántica, pero nuestra descripción en la Figura 3 debería representar el asunto de manera precisa.

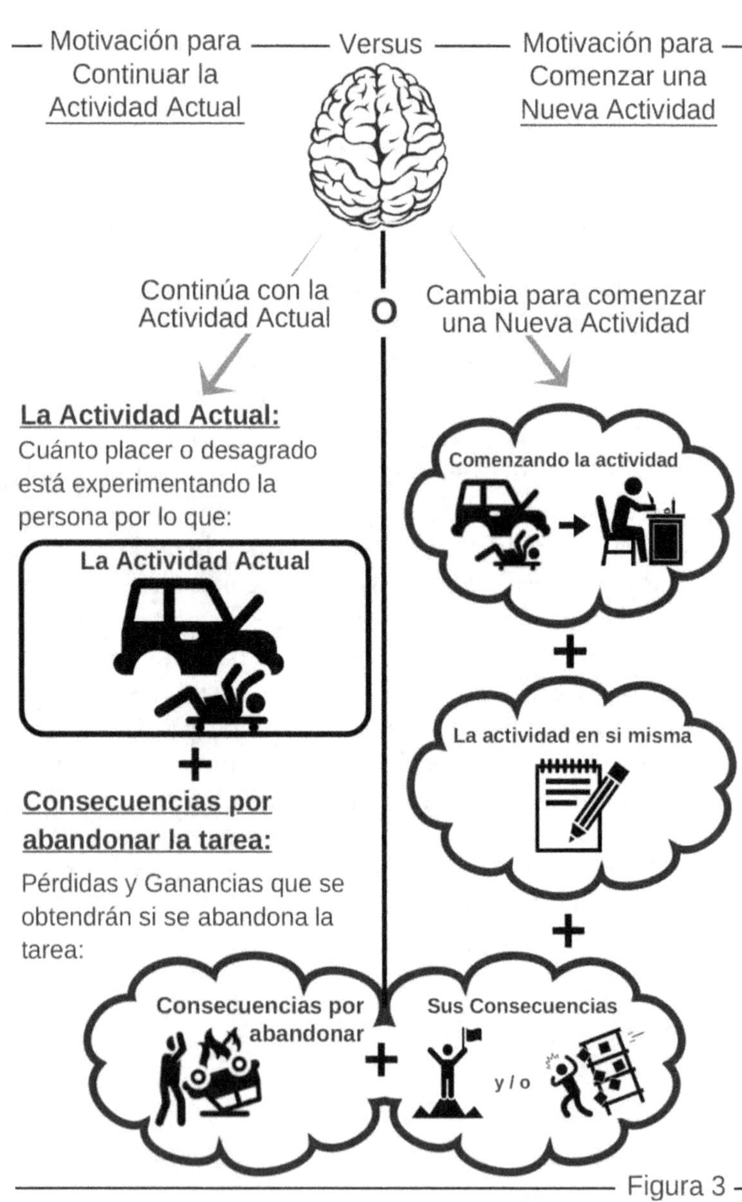

Motivación para Continuar la Actividad Actual
Versus
Motivación para Comenzar una Nueva Actividad
Continúa con la Actividad Actual
o
Cambia para comenzar una Nueva Actividad
La Actividad Actual:
Cuánto placer o desagrado está experimentando la persona por lo que:
La Actividad Actual
+
Consecuencias por abandonar la tarea:
Pérdidas y Ganancias que se obtendrán si se abandona la tarea:
Comenzando la actividad
+
La actividad en si misma
+
Consecuencias por abandonar
+
Sus Consecuencias
y / o

Como se observa en la Figura 3, la conducta manifiesta de una persona—de si cambia de una actividad a otra—depende del incentivo de placer combinado de los tres aspectos de la tarea prevista, comparado con la cantidad del placer proporcionado por su actividad actual, más las consecuencias debidas al hecho de dejarlo.

Este será un buen modelo al que referirnos en el próximo capítulo, en el que estudiaremos y diseccionaremos las diversas herramientas psicológicas que podemos usar para influir en el placer inconsciente y, por lo tanto, controlar indirectamente nuestro comportamiento.

El papel de la fuerza de voluntad

Al observar este modelo, no podemos evitar abordar una pregunta de suma importancia que se encuentra realmente en el corazón de este libro: ¿cuál es el papel de la fuerza de voluntad? La comprensión de las fuerzas motivacionales que hemos alcanzado y esquematizado en la Figura 3 parece no dejar lugar para la fuerza de voluntad en el proceso de toma de decisiones de una persona. Con toda seguridad, un ser humano no es solo un autómata que invariablemente sigue el camino de la menor resistencia que conduzca hacia el placer y carece de cualquier volición propia. ¿Qué pasa con las personas con las que nos encontramos, de voluntad fuerte, y siempre capaces de posponer o renunciar al placer, y permanecer firmes frente a la desagradable adversidad? ¿Qué hay del abstinente, del austero? ¿Los moralmente piadosos, que resueltamente se mantienen en lo que creen que es correcto, y parecen ignorar en gran medida sus incomodidades personales, y sus deseos de placer o lujuria?

De hecho, parece que esas personas tienen una fuerza de voluntad mucho mayor que el hombre promedio, lo que les permite oponerse con éxito y llegar a anular el placer inconsciente. Sin embargo, es casi seguro que ese no es exactamente el caso. Si bien los seres humanos tienen la capacidad de dirigir su atención de forma consciente, independientemente de la tendencia al placer inconsciente (eso es lo que reconocemos como fuerza de voluntad), y según el principio de la variabilidad humana, podemos suponer que algunas personas tienen una aptitud mucho mayor para esto que otras, no hay evidencia para sospechar que esto solo suponga la aparente capacidad de algunas persona para vivir fuera de las leyes del principio del placer.[32] En cambio, se evidencia que cada caso que pueda sugerir que la capacidad de estas personas para superar constantemente el placer inconsciente por pura fuerza de voluntad es meramente una ilusión. Lo más probable es que dichas personas difieran, principalmente, no en su capacidad de comportarse de forma contraria a la motivación, sino en los tipos de motivación que experimentan y la magnitud del sentimiento que experimentan en respuesta a ciertas situaciones.

Sabemos que aquellas personas que con mayor frecuencia exhiben una restricción deliberada de sus impulsos de placer inconscientes, los religiosos devotos, en realidad lo hacen (al

---

[32] Sobre el principio de la variabilidad humana: se ha descubierto que casi todos los aspectos medidos de la biología y la psicología humanas varían en la población y se sitúan sobre la curva de distribución normal. Esto ha sido reconocido como una propiedad derivada del hecho de que casi todos los rasgos humanos—biológicos, psicológicos y conductuales—son altamente multideterminados: es decir, cada uno es el resultado de muchas influencias diferentes que actúan simultáneamente. Dada la gran cantidad de factores que contribuyen a un rasgo, es muy poco probable que una persona acabe poseyendo solo aquellos que lo afectan de manera positiva (o negativa); y es mucho más probable que posea una combinación de beneficiosos y perjudiciales, de ahí surge la curva de distribución normal. En estadística, a esto se le ha llamado Teorema del Límite Central, que establece que al tomar una gran muestra aleatoria de diferentes variables (incluso cuando esas variables no sean susceptibles de distribuirse normalmente), sus promedios si lo harán y se distribuirán normalmente, siempre que esas variables sean en gran parte independientes unas de otras. Esto puede asumirse con confianza en la mayoría de los rasgos humanos, sin tener que postular nada sobre la naturaleza de sus factores contribuyentes (ya sean genéticos, aprendidos o no).

menos en la gran mayoría de los casos) por ansiedad. Disponen de un factor único que provoca ansiedad y que no poseen las personas no religiosas: el temor de Dios. Ya aprendimos que una persona experimenta ansiedad como respuesta a las consecuencias que él cree que son reales, mientras que aquellas consecuencias que él sabe que no tendrán lugar, no evocarán en él ninguna ansiedad. Una persona religiosa que cree, o al menos valora la posibilidad de que Dios existe, experimenta físicamente ansiedad ante la comisión de acciones (o tenga pensamientos) que no estén de acuerdo con los preceptos morales de su religión. Realmente se siente vigilado y juzgado por Dios, propenso a sentirse condenado eternamente al infierno por sus acciones. Teme esto de la misma forma en que temería a un hacha real que pudiera cortarle la cabeza. Y así como la ansiedad por no cumplir un plazo motiva a una persona para actuar y evitar las consecuencias negativas, también la ansiedad motiva a la persona religiosa a actuar como le enseñaron para no incurrir en el castigo de Dios. De ninguna manera esta persona vive fuera de las leyes del placer inconsciente, y está muy claro, precisamente por esas mismas leyes, que solo puede vencerse al placer inconsciente gracias a la puesta en juego de la fuerza de su voluntad.

Algo similar sucede con otras conductas análogas de muchas personas no religiosas. Incluso sin temores a castigos de otro mundo, algunas personas pueden poseer fuentes de motivación inusualmente fuertes en sus vidas (generalmente de naturaleza social) que la mayoría no tiene. [33] Algo muy

---

[33] Estos pueden ser positivos (búsqueda de placer) así como también negativos (evitar el desagrado). Una persona puede estar motivada excepcionalmente por el deseo de obtener el elogio y la aprobación de un padre, o para demostrar su valía frente a un amante potencial, o para ser aceptado en una comunidad, o para lograr algo que valora más que cualquier otra cosa. En sentido opuesto, una persona puede temer el castigo de un padre, un amigo, un maestro o un amante, o ser excluido de un grupo o comunidad, o no lograr sus objetivos más

importante a considerar, sin embargo, es que las personas pueden diferir no solo en los tipos de motivación presentes en sus vidas, sino en la magnitud con la que sienten los afectos (generalmente emocionales) que las motivan.

Muchas de las personas con una gran fuerza de voluntad, que son tan notables por actuar según sus convicciones y no por los impulsos tontos del placer inconsciente, pueden hacerlo no porque ellas lo decidan y se lo impongan a si mismas sino porque experimentan un muy intenso afecto por la consecuencia de sus acciones. El conflicto entre nuestras convicciones y el placer inconsciente, después de todo, es esencialmente un conflicto entre el incentivo de placer de la acción misma y el de sus consecuencias.[34] Podemos asumir, por el mismo principio de variabilidad humana, que algunas personas experimentan una emoción mucho más potente que otros: algunos pueden sentir una ira más feroz, una tristeza más pesada, una felicidad más brillante, una ansiedad más intensa, y así sucesivamente. Esto puede ser simplemente una parte de su temperamento innato, genéticamente determinado.

¿No podemos entonces suponer que la persona que consideramos obstinada, que emprende una tarea desagradable para cosechar sus consecuencias beneficiosas, lo hace porque la idea de alcanzar los resultados le proporciona más placer, más entusiasmo que lo que producirán esas mismas consecuencias al promedio de las personas? O cuando la persona de carácter fuerte que renuncia a una actividad placentera con consecuencias negativas, ¿puede que no sea porque naturalmente siente una mayor ansiedad, vergüenza y repulsión más conmovedoras (esta es una emoción que veremos más adelante) al "anticipar" esas consecuencias que la persona promedio? ¿O tal vez esa persona experimente, en virtud de sus inherentes características, menos placer durante las

---

importantes. Todo esto, por supuesto, a menudo se da, y también es cierto en el caso de las personas religiosas.

[34] La persona que actúa según sus convicciones está haciendo lo que él considera mejor para sí mismo (o para quienes lo rodean) a la larga.

actividades placenteras y menos insatisfacción con las des-agradables? En cualquier caso, todas estas son algunas posibilidades y pueden muy bien coexistir en un solo ser humano, ya que no se contradicen entre sí. Tal vez pensemos que alguien que posee la mayor parte de estas características sea la que consideremos como excepcionalmente fuerte, en lugar de una persona que solo muestra una voluntad fuerte en ciertas áreas aisladas de su vida.

Sin duda, todo esto explica mucho mejor la disposición de algunas personas que parecen desafiar solo por pura voluntad los imperativos del placer inconsciente. Sin embargo, no hay ninguna razón para suponer que una mayor capacidad para dirigir conscientemente la atención no contribuya también de algún modo a este tipo de personalidad con una voluntad fuerte. Probablemente es así, pero es casi seguro que no será su único determinante, por el solo hecho de ir en contra de la funcionalidad psicológica más fundamental y arcaica del placer inconsciente.

En cuanto a la forma en que la fuerza de voluntad afecta a la toma de decisiones de una persona, ya hemos mencionado las condiciones bajo las cuales tiene libertad de actuación y, en general, no está limitada por el placer inconsciente:

1.) Cuando hay múltiples actividades disponibles, y todas ellas conllevan un incremento del placer. La persona puede entonces elegir libremente entre ellas.

2.) Cuando ya se ha satisfecho la compulsión para au-mentar el placer, con solo una pequeña porción de la atención de la persona. Después puede invertir la atención restante como lo desee.

3.) Cuando la persona está experimentando desagrado de múltiples fuentes: entonces puede decidir cuál abordar en primer lugar.

Todo esto, por supuesto, es completamente coherente con el modelo de la Figura 3. De modo que, al haber reafirmado la validez de nuestro modelo, podemos proceder a usarlo como punto de referencia en el siguiente capítulo, donde examina-remos las diversas técnicas de las que podemos disponer para influir en el placer inconsciente y lograr los objetivos que nos hemos propuesto. Así que, sin más demora, hagámoslo.

Capítulo 6

Las estrategias en nuestra caja de herramientas

En este capítulo nos proponemos enumerar los diversos métodos que podemos utilizar para combatir las conductas no adaptativas inducidas por la satisfacción del placer inconsciente. También observaremos qué aspecto de una actividad presente o futura (prevista) afecta a cada método y cómo lo hace.

La insatisfacción de una conciencia culpable

La primera arma psicológica que una persona tiene para luchar contra los comportamientos perjudiciales, instigados por la búsqueda inconsciente del placer, es la poderosa sensación de remordimiento y autocrítica que experimenta cuando comete una acción que desaprueba, cuando esta va en contra de lo que le dicta su conciencia. Este es un sentimiento claramente desagradable producido por la emoción de vergüenza y/o culpa. En la mayoría de los casos, una persona siente instintivamente un remordimiento culpable o de vergüenza, durante (o después) de cometer una acción diferente de la que él considera que es la correcta.[35] El mismo sentimiento negativo

---

[35] Para obtener más información sobre esta emoción, vea mi libro Depresión y Romance Inmaduro: La secreta batalla interna de la mente deprimida.

también se puede experimentar en la anticipación de la acción, cuando esa persona solo imagina la posibilidad de cometer una acción que desaprueba moralmente.

Esto, sin duda, pertenece al dominio psicológico de las consecuencias de una acción. Se puede sentir mientras una persona se encuentra realizando una acción lamentable (como demorarse con un videojuego, o masturbarse, o no ir al gimnasio). Después, sirve como motivación para abandonar dicha actividad y optar por algo mejor. También se puede experimentar al considerar una actividad prevista. Del mismo modo que una persona puede sentir una excitación o alivio de forma anticipada, cuando imagina que lleva a cabo una tarea beneficiosa, también puede sentir vergüenza o culpa cuando se imagina desarrollando una tarea que considera innoble. Este sentimiento negativo anticipado actúa como elemento de disuasión en contra del comienzo de dicha tarea.

De hecho, la sensación de vergüenza y/o culpabilidad es esencialmente la manifestación de nuestra mente consciente, en relación a lo que pretende obtener nuestra mente inconsciente; es lo que determina el cómo vamos a actuar de forma manifiesta. Después de todo, son precisamente las consecuencias de nuestros actos las que van a determinar nuestra actuación.

Sin embargo hay un problema serio. Se trata de que, aunque las emociones de culpa y vergüenza sirven como desmotivadoras contra la comisión de acciones que una persona "no desea", con demasiada frecuencia no son lo suficientemente poderosas como para evitar que las cometa. Todos hemos oído hablar de "placeres culpables".

En los cinco ejemplos con los que comenzamos este libro, cada una de esas personas había experimentado estas emociones negativas. Sin embargo, está claro que ello no fue suficiente como para detener sus comportamientos perjudiciales. En la mayoría de situaciones similares tampoco eso es suficiente por sí solo. La mayoría de las veces, esta respuesta emocional sencillamente fracasa. No tiene ningún efecto físico para corregir las acciones negativas de una persona, aunque se sienta cierta incomodidad, malestar, al cometerlas, lo que solo sirve para reducir aún más la confianza y la autoestima de la persona.

Sin embargo, sigue siendo una fuente de motivación muy útil—o más bien desmotivación—para finalmente elegir las actividades que sabemos que son buenas para nosotros y evitar aquellas que sabemos que no lo son. Y dado que la motivación se acumula (es, después de todo, simplemente una batalla cuantitativa de placer frente a desagrado), es un paso adelante en la dirección correcta, y se puede complementar con otras fuentes de motivación que respalden la consecución de los mismos fines.

Teniendo el fin en la mente

Es importante mencionar que debido a que lo que deseamos conscientemente siempre coincide con las consecuencias de nuestras acciones, es de gran ayuda recordar cuáles son esas consecuencias y tenerlas en cuenta al considerar llevar a cabo una determinada acción. Por lo tanto, es buena idea acostumbrarse a recordar intencionadamente las consecuencias de las acciones que estamos obligados a tomar.

No sopese los pros y los contras

Tal vez una de las mayores anomalías de nuestra mente racional es cómo "tiende a estar completamente de acuerdo" con los imperativos del placer inconsciente. Si intentamos abordar un problema apoyándonos exclusivamente en la facultad de la razón, sin hacer uso de creencias fijas o asociaciones negativas, nuestra lógica probablemente nos lleve, a menudo de manera muy irracional, precisamente a las conclusiones que nos proporcionen más placer o reduzcan el desagrado. Este es el conocido proceso de racionalización, y tal vez no haya un momento en que sus efectos sean más evidentes que cuando estamos intentando razonar acerca de si el desarrollo de una acción es el correcto.

Naturalmente, hacemos esto sopesando los pros y los

contras de una acción frente a las demás, y alcanzando nuestra conclusión en función de ese equilibrio, valorando las consecuencias. Lo que ocurre la mayor parte de las veces, sin embargo, es que nuestras deliberaciones se ajustan misteriosamente a las compulsiones del principio del placer, lo que nos lleva a concluir que las actividades que son placenteras también son beneficiosas, y las actividades que son desagradables no lo son, cuando frecuentemente, esto sea objetivamente falso.

Lo que ocurre psicológicamente durante esta evaluación de ventajas y desventajas es que los pros de una acción placentera parecen, por un instante, justificarla por completo, aunque sean objetivamente inútiles; mientras que los contras parecen ser completamente insignificantes, aunque sean importantes objetivamente. Una vez más, nos enfrentamos al hecho trascendente y nada obvio de que la moneda que emplea nuestra mente en sus transacciones psicológicas posee las dos caras del placer y el desagrado.

Veamos un ejemplo. Una persona cansada que yace cómodamente en su cama, sopesando los pros y los contras de levantarse y comenzar un día productivo, frente a permanecer en la cama y dormir un poco más al considerar los volubles y débiles pros de seguir en la cama, piensa en: los dudosos beneficios para la salud de descansar más, de que puede hacer las mismas cosas incluso si se despierta cuatro horas después, de que podría estar demasiado cansado para afrontar algunas cosas, que los interminables trinos y sonidos de las aves pueden ser una distracción demasiado grande para centrarse en su trabajo, y así sucesivamente, acabarán teniendo un gran peso en la evaluación final, y ya está imbuido del placer, que en ese mismo momento puede experimentar, del cómodo sueño hacia el que se siente atraído; mientras que las ventajas de levantarse – como el saber que levantarse temprano es muy satisfactorio para él, saber que suele trabajar mejor a esa hora temprana, que ya ha dormido más que suficiente y que se sentirá más cansado por el sueño extra, y que las cosas que puede hacer si se despierta suponen el mejor uso de su tiempo, mientras dormir es objetivamente inútil—le afectará muy poco o no lo hará en absoluto, porque realmente no está sintiendo el placer que deriva de ellos.

Las acciones sexuales compulsivas son productos de este tipo de reflexiones. Como me decía una vez un amigo muy perspicaz (en relación con la posibilidad de tener sexo con una ex novia): "Sobre si es objetivamente lo mejor o no, no puedo confiar en que en ese momento sea capaz de convencerme a mí mismo de que lo será". En este tipo de situaciones, cuando nos sentimos atraídos por una acción que sabemos que es inadecuada y que lamentaremos más adelante, la clave no es intentar reevaluar si realmente es así (aunque nos sintamos fuertemente impulsados hacia ello), porque si lo hacemos, casi invariablemente nos encontraremos sobrescribiendo nuestras convicciones previas y adoptando como resultado la acción no deseada. En tales situaciones, es mejor formular nuestras conclusiones de antemano, y luego apegarse a ellas (recordando que son más válidas que cualquier cosa que nuestro razonamiento pueda generar al calor de la situación).

El poder del hábito y la asociación

Para no pasar por el equívoco proceso de sopesar los pros y los contras mientras se sigue haciendo uso de la influencia de conocer las consecuencias de nuestras acciones, lo mejor es establecer una fuerte conexión asociativa entre el pensamiento de una acción y el pensamiento de sus consecuencias. Las asociaciones fuertes como esta generalmente tardan un tiempo en establecerse y requieren de un importante proceso repetitivo para conseguirlo. El proceso consiste básicamente en generar un hábito de pensamiento: activar de forma deliberada la importancia de vincular dos pensamientos (en este caso, el pensamiento de las consecuencias en relación con el pensamiento de la acción misma). Después de hacerlo muchas veces, el proceso se volverá en gran parte automático. El resultado consistirá en una asociación rápida de un pensamiento desagradable (por lo general, una imagen desagradable o una visión imbuida de una emoción negativa) con el pensamiento placentero de una acción perjudicial. También puede ser la asociación de un pensamiento placentero con el de una acción no placentera. Todo esto es útil para disponer de un contrapeso inmediato para neutralizar comportamientos que, aunque tratemos de medio engañarnos, sabemos que son perjudiciales.

La razón por la que recomiendo este tipo de asociación y formación de hábitos es que se consigue con rapidez y actúa de forma inconsciente. Al actuar de modo inconsciente, significa que no va a estar sujeta a un escrutinio y reevaluación consciente, a través del proceso de pros y contras que sabemos que es tan doloroso. Pero su mayor ventaja es, sin duda, su rapidez como reacción automática, ya que hay muchas situaciones en las que el tiempo es un factor importante al tomar nuestras decisiones sobre participar en una acción o no. A veces nos encontraremos inmersos en una actividad antes de que tengamos tiempo de pensar en sus consecuencias inminentes, y la asociación automática a menudo funciona para evitar dicho comportamiento. Sin embargo, hay momentos en que incluso una asociación habitual es demasiado lenta para evitar esto, como es el caso de nuestro ejemplo del fumador, al comienzo del libro.

Controlando el medio en que nos movemos

Puede parecer una noción conductista no actualizada, pero la manera más poderosa y efectiva de cambiar nuestro comportamiento es cambiar nuestro entorno. Esto es indudablemente cierto. Sin embargo, a diferencia de los conductistas, seremos sabios si admitimos que este es un método indirecto para influir en nuestras acciones: el estado de nuestro entorno tiene una influencia definida en nuestros pensamientos, y estos en nuestro comportamiento. Esto es mucho más efectivo que tratar de controlar nuestros pensamientos directa y deliberadamente.

Y no es nada nuevo. En efecto, ya habíamos llegado a esta conclusión esencial al admitir las siguientes dos nociones:

1.) La distribución de nuestra atención, y por lo tanto el contenido de nuestra mente, están mucho más fuertemente determinados por el placer inconsciente que por cualquiera de nuestros esfuerzos o intenciones deliberados.

2.) Los pensamientos de búsqueda de placer que ocupan compulsivamente nuestra mente no pueden evitar estar fuertemente arraigados en la realidad.[36]

De esto se deduce que manipular nuestro entorno externo tendrá profundos efectos sobre qué actividades nos obligan y cuáles serán nuestras acciones manifiestas. Y esto demuestra ser muy cierto en la práctica.

Manipulando a propósito el entorno en el que se vive, se puede alterar la motivación que deriva de cualquier aspecto de casi cualquier actividad. Una persona puede cambiar intencionadamente su entorno para hacer el esfuerzo necesario para comenzar una determinada tarea física mayor.[37] Puede introducir ciertos factores para hacer que el proceso de la actividad en sí sea menos placentero.[38] Y puede crear varias consecuencias autoimpuestas a una actividad para hacer que sus resultados sean indeseables.[39] Por supuesto, si desea aumentar su compromiso en una actividad, puede hacer exactamente lo contrario, y hacer que sea más fácil comenzar, más placentero participar y tener consecuencias beneficiosas.

---

[36] Esta segunda observación refleja el hecho de que para los tres aspectos de una actividad—el esfuerzo necesario para comenzar, el proceso de la actividad misma y sus consecuencias—nuestra conciencia anticipada de ellos y el afecto que conlleva corresponde exactamente a lo que esperamos en la realidad; y somos completamente incapaces de engañarnos a nosotros mismos en cuanto a la verdad de esa realidad.

[37] Ya hemos visto un buen ejemplo de lo que acabamos de decir en el caso del fumador que hace que sea físicamente más difícil para él disponer de un cigarrillo, impidiendo así el acto de fumar.

[38] Por ejemplo: una persona muestra cómo deshacerse del hábito de morder. Puede cubrir sus uñas con un esmalte de sabor amargo, lo que hace que el acto en sí sea desagradable.

[39] Por ejemplo: una persona que desea abstenerse de emborracharse puede autorizar a un amigo a que le quite 20€ si lo hace.

Centrarse en el proceso de comenzar una tarea es particularmente efectivo. Cambiar físicamente nuestro entorno para
hacer que el proceso sea más fácil o más difícil puede marcar la
diferencia en nuestras acciones reales: puede inducirnos a
realizar actividades beneficiosas que de otra manera no
haríamos, y tentarnos a abstenernos de las perjudiciales que
pudiéramos llevar a cabo. Esto es fantástico. Sin embargo, la
mayoría de las personas suele pasar por alto la noción de
modificar el entorno, especialmente en el caso de actividades
perjudiciales.

Tomemos, por ejemplo, al adicto a los videojuegos que no
puede evitar jugar un rato cada vez que tiene un momento para
sí mismo. Con lo que sabemos ahora, podemos decir con gran
certeza que un factor importante en su comportamiento es la
fácil disponibilidad del juego; no debe hacer prácticamente
ningún esfuerzo para comenzar a jugar, excepto tal vez
encender su computadora

¿Qué pasaría, entonces, si toma medidas preventivas y
guarda su videojuego en una caja de seguridad a dos millas de
distancia de su casa? Definitivamente seguiría enamorado del
juego, ya que la idea de jugarlo le da placer. Pero luego no
tendrá más remedio que imaginar la larga caminata hasta la caja
de seguridad y vuelta y, consecuentemente, lo más probable es
que no vaya. A veces se vestirá y estará listo para ir a la caja de
seguridad, pero luego recordará que está tratando de abandonar el juego, y que eso sería patético y finalmente no irá. A
veces llegará a mitad de camino de la caja de seguridad, pero
luego dará media vuelta y regresará. Algunas veces logrará
llegar allí y mantendrá el juego en sus manos, pero luego
decidirá no hacerlo. Y a veces él realmente sucumbirá, hará
todo el viaje de ida y vuelta, y terminará jugando a pesar de
todo. Pero en total, jugará mucho menos de lo que lo haría si ya
estuviera cargado en su computadora. Y finalmente, con la
privación, el impulso se irá desvaneciendo lentamente.

Como podemos ver en este ejemplo, el aspecto del tiempo
también juega un gran papel preventivo en este tipo de
escenarios. Si la manipulación del entorno tiene el efecto

adicional de que no solo iniciar una actividad requiere más esfuerzo, sino también más tiempo, la persona tendrá más oportunidades para pensar (y considerar las consecuencias) acerca de si realmente desea proseguir con su deseo, teniendo así más posibilidades de renunciar a él. De hecho, hay muchas actividades, especialmente aquellas que solo requieren un clic o dos en la computadora, que requieren tan poco tiempo y esfuerzo para comenzar que la persona no tiene ni siquiera un momento para pensar en las consecuencias (ni de ninguna otra cosa realmente) antes de que se encuentre comenzando a jugar.

Por supuesto, el mismo principio también funciona en la otra dirección. Una persona puede reducir de forma preventiva el tiempo y el esfuerzo necesarios para comenzar una actividad y, por lo tanto, ser más atractiva para llevarla a cabo.[40] Alguien que tiene que pasar mucho tiempo viajando a un lugar al que quiere ir, será invariablemente disuadido de ello por dicha razón. Si una persona debe arreglar el desorden de su escritorio cada vez que se pone a leer un libro y, además, luchar para conectar su lámpara en un lugar difícil de alcanzar, aunque se sienta mucho deseo por leer, invariablemente será disuadido de hacerlo. Sin embargo, si limpia preventivamente su escritorio y consigue un cable de extensión para su lámpara, su anhelo por leer ya no estará inhibido, y estará mucho más impelido a hacerlo.[41]

---

[40] El tiempo es, por supuesto, inseparable del esfuerzo. La cantidad de tiempo requerida para hacer algo está muy correlacionado con la cantidad de esfuerzo requerido para hacerlo.

[41] En el caso de las actividades que requieren un largo desplazamiento, o viaje diario, como el ir a trabajar, es ciertamente difícil reducir el tiempo que supone hacerlas sin efectuar cambios drásticos en el lugar donde uno vive, o adoptar otras formas de transporte. Una buena manera de incentivar ese desplazamiento es aprovechar dicho viaje para hacer en destino otras cosas también importantes. De manera que uno puede hacer planes para viajar a un lugar determinado para tomar parte en múltiples actividades disponibles allí, y así hacer uso de múltiples fuentes de motivación para superar una sola energía de motivación (la de desplazarse hasta allí).

El truco principal para realizar este tipo de cambios "profilácticos" en nuestro entorno es, primero, darse cuenta de dónde deben hacerse esos cambios, y luego hacerlos deliberadamente en un momento suficientemente anticipado al momento en que tenga lugar la actividad que los requiere. Al videojugador le resultará muy difícil, si no imposible, guardar su videojuego en el momento en que ni siquiera puede resistirse a jugarlo. Por otra parte, la persona que quiere leer un libro en este momento, pero no puede ni siquiera superar el esfuerzo necesario para despejar su escritorio para hacerlo, sin duda no lo hará, aunque su esfuerzo en este momento pudiera facilitar la lectura en una próxima ocasión de modo mucho más sencillo.

La razón principal por la que la gente se mantiene sin hacer cambios tan útiles durante tanto tiempo, y con frecuencia nunca los hace, es que realmente solo se enfrentan a la idea de hacer dicho cambio cuando son confrontados por la necesidad de hacerlos para poder llevar a cabo la acción que desean; en otras palabras, en el momento preciso en que quieren exactamente lo contrario. Y una vez que la persona ya se ha abstenido de realizar la acción deseada pero que requería tanto esfuerzo su comienzo (el lector), o sucumbió a una actividad que en cambio era demasiado fácil comenzar (el videojugador), pierde la necesidad inmediata de modificar las condiciones del entorno y retira tal asunto de su mente hasta una próxima ocasión en que se enfrente a la compulsión de su acción adictiva. El resultado es que las personas chocan continuamente contra los mismos problemas motivacionales para comenzar una actividad y nunca hacen nada para cambiarlos.

La solución, por supuesto, es darse cuenta de que esos cambios deben hacerse y que serían decididamente beneficiosos; luego, teniendo eso en cuenta, haciendo deliberadamente esos cambios en un momento oportuno, cuando uno tiene suficiente motivación para hacerlo. Es cuando el videojugador experimente, moralmente, una repulsión por el juego, o esté cansado de su conflicto, cuando debe aprovechar la oportunidad para encerrarlo en algún lugar poco accesible, en lugar de—como hace la mayoría de la gente—simplemente tomar la decisión de no jugar hasta más tarde, una determinación que casi invariablemente no se cumple. De manera similar, cuando el lector se siente trabajador, animoso, es cuando debe hacer un alto en su rutina y mejore las condiciones de lectura de su escritorio, tratando este asunto como una tarea necesaria.

Es importante reiterar que la mayoría de las personas experimentan una parálisis total antes de tomar medidas proactivas para cambiar su entorno si la primera vez que lo intentaron no pudieron modificar dicho entorno. El lector que nunca puede superar la energía de activación para ordenar su mesa y poder leer, probablemente nunca haga ningún cambio preventivo para hacerlo más fácil. El videojugador que no puede resistirse a jugar cada vez que se siente inducido a hacerlo, lo más probable es que no lo esconda lejos. Por el contrario, el lector que con frecuencia (o al menos ocasionalmente) supera el esfuerzo necesario para ordenar su mesa, y el videojugador que con fervor trata, y algunas veces logra resistir sus impulsos para jugar, es muy probable que tomen las medidas preventivas necesarias y modifiquen sus entornos para poder alcanzar sus objetivos.

Para aquellos que experimentan desagrado en el esfuerzo de comenzar o abandonar una tarea, porque tienen que pasar por el mismo proceso desagradable cada vez que lo hacen, es bastante natural y automático que busquen y tomen medidas para hacer que su experiencia sea más agradable. El lector que constantemente se descubre a sí mismo dedicando un tiempo y esfuerzo arreglando su escritorio antes de leer, encontrará de forma natural una manera más sencilla de hacerlo en lo sucesivo. El videojugador que al sentirse atraído por su juego lucha continua y con mucho esfuerzo contra sus propios impulsos para evitar jugar, probablemente orientará esos esfuerzos para ayudarse a sí mismo en esa batalla, y encontrará la manera efectiva para dejar el juego fuera de su alcance y no estar sometido a su compulsión. En los casos en que las personas no pasan realmente por el esfuerzo desagradable de comenzar o conseguir abstenerse de llevar a cabo una tarea, estas acaban siendo derrotadas, ya que desconocen cómo hacer fácil la lucha por modificar su entorno y no se percatan de que lo que podrían hacer marcaría la diferencia. Desafortunadamente, tales casos son muy numerosos.

Un segundo método similar, para modificar el entorno de una persona y mejorar su motivación, es enfocarse en el placer (o el descontento) derivado de la propia tarea.

La actividad del excursionismo puede ser inherentemente gozosa para una persona, pero lo será mucho menos (si es que no se convierte en un absoluto martirio) cuando lo hace en zapatos que se ajustan mal, dando lugar y empeorando las dolorosas ampollas en sus pies. Si solo tiene esos zapatos disponibles, se desanimará enormemente y no irá de excursión, ya que lo imaginará (anticipándolo) como un proceso incómodo y doloroso. Conseguir zapatos cómodos, por supuesto, soluciona de inmediato este problema de forma práctica y motivacional. Las personas, ciertamente, están muy interesadas en realizar este tipo de cambios físicos en sus vidas, que hacen que las actividades deseadas (o requeridas) sean más sencillas o placenteras.[42]

Sin embargo, hacer este tipo de cambios útiles, pero en la dirección opuesta, a la mayoría de las personas les cuesta mucho. Por ejemplo, quedarse solo con zapatos incómodos si el objetivo es no ir de excursión, o comprar deliberadamente comida insípida si el objetivo es comer menos; o hacer de forma intencionada que las condiciones en el hogar sean incómodas y desagradables, si el objetivo es pasar más tiempo al aire libre.

El hacerse intencionadamente la vida más dura a uno

---

[42] De hecho, la mayor parte del progreso tecnológico en la historia del hombre se ha dedicado precisamente a este objetivo: zapatos más cómodos, arados más eficientes, transporte más rápido, cuchillos más afilados, etc., desde la historia de la fabricación de herramientas prehistóricas hasta el de la maquinaria industrial y la electrónica moderna.

mismo genera una fuerte resistencia en la mayoría de las personas y, en general, se experimenta como antinatural. La persona promedio considerará la idea de hacerlo como algo absurdo y decidirá luchar contra sus compulsiones enfermizas aprovechando su fuerza de voluntad personal, sin recurrir a medidas "tan ridículas". Sabemos que estos esfuerzos de la voluntad son extremadamente inconstantes y casi siempre condenados al fracaso, especialmente cuando la persona choca contra los mismos condicionantes de la motivación continuamente. Por otro lado, no hay duda de que nuestro método alternativo de cambiar físicamente el entorno es muy efectivo y ofrece resultados prácticos excelentes.

Por último, se puede efectuar un cambio similar en la motivación al enfocarnos en las consecuencias físicas de varias acciones. Este método no es en absoluto un *modus operandi* automático para la mayoría de las personas. En general, las personas aceptan y manejan las consecuencias establecidas de sus acciones prescritas por su entorno. Sin embargo, es posible que una persona pueda manipular de modo que genere consecuencias muy positivas para sus acciones y esto, inevitablemente, tendrá un efecto evidente en su motivación y comportamiento futuros

La mayoría de las veces esto se logra mediante la imposición de consecuencias monetarias. Una apuesta es el ejemplo por excelencia de lo que estamos diciendo. Por ejemplo, una persona que se esfuerza por alcanzar una meta difícil (construir un pórtico, o perder peso, por ejemplo) actuará inteligentemente si complementa su motivación haciendo una apuesta con un amigo. Por supuesto, apostaría a favor de sí mismo y, al hacerlo, recibirá un incentivo positivo para completar la tarea (su deseo de cobrar la recompensa por ganar la apuesta) como un incentivo negativo por fracasar en la tarea (su deseo de evitar tener que pagar si pierde). Por supuesto, cuanto más dinero apuesta, más motivación experimentará, suponiendo que encuentre a alguien dispuesto a apostar en su contra. Por otro lado, las apuestas sin repercusiones, que comúnmente se consideran apuestas amistosas, tendrán poco o ningún impacto motivacional porque no tienen ninguna consecuencia.[43]

Por supuesto, las consecuencias, e incluso las apuestas, no están restringidas a las monetarias. Un tipo interesante de consecuencia que una persona puede imponerse a sí misma es la exposición a la vergüenza. Si no desea participar en una actividad de la que se avergüenza, y se sentiría avergonzado al hacerlo si, además, sus amigos se enteraran, podría suponer un mecanismo motivacional. Hoy en día hay muchas aplicaciones en línea que se pueden usar para lograr esto: las que publican automáticamente su actividad en las redes sociales, o las que permiten a todo el mundo acceder al historial de su navegador, y tantas otras. Tales tácticas realmente funcionan, ya que una persona experimentará, anticipadamente, la vergüenza inevitable derivada de sus actos, por lo que estará más motivado para abstenerse de llevarlos a cabo.

Todas estas estrategias, en que la persona recurre a las consecuencias autoimpuestas a las propias acciones, requieren la participación de otras personas para que tengan efecto. Todas las apuestas, sin duda, requieren que un tercero las haga. Lo mismo es cierto para todas las situaciones en las que una persona renuncia a un cierto poder sobre sí mismo cediéndolo a otra, en el caso de que haga o deje de hacer ciertas acciones.[44] También, en situaciones en las que una persona es voluntariamente patrocinada por otra, quien la recompensará solamente por realizar actos virtuosos y no lo hará en los perjudiciales. Estas son apuestas unilaterales, sólo una persona apuesta, siendo premiada o no.[45] Y esto cubre casi todo el

---

[43] Parece que un verdadero amigo es alguien que está dispuesto a apostar dinero para apostar en su contra, y cuanto más mejor, pero solo si esa apuesta se hace con usted, por supuesto.

[44] Por ejemplo: autorizando a un amigo a coger su dinero de usted, o hacer algo que sería decididamente desagradable para usted.

[45] En términos de motivación, sin embargo, está claro que una apuesta convencional es una opción mucho mejor, ya que proporciona incentivos en ambos extremos: tanto el riesgo como la recompensa se dirigen hacia el mismo objetivo positivo.

espectro de consecuencias auto-imponibles, casi excluyendo solo aquellas similares a un dispositivo electrónico automatizado que te impacta con una descarga eléctrica cada vez que te hurgas la nariz, o algún tipo de artilugio mecánico enloquecido que cada vez acerca un poco más una roca que cuelga sobre tu auto unos centímetros cada vez que te masturbas.

Quiero hacer un último comentario sobre cómo cambiar el entorno físico que te rodea para frenar las conductas indeseadas, pero compulsivas, instigadas por el placer inconsciente. Y es que las idas y venidas de la mente pueden ser turbulentas. La mente de una persona está sujeta a cambios drásticos en su estado de ánimo, del conocimiento, del placer sexual y otros factores que afectan a su estado de motivación, incluso a lo largo de un sólo día. Habrá momentos en que experimentará compulsiones demasiado fuertes para resistirlas, y momentos en que su poder consciente es demasiado débil. De hecho, hay momentos de gran tentación y momentos de total debilidad ante ese arrebato; hay momentos de completa irracionalidad y momentos en que la racionalidad es impotente; hay grandes estallidos emocionales y tiempos de aburrimiento insufrible; y todos ocurren esporádicamente e inevitablemente en el microcosmos de la mente humana.

Cualquier cambio que intentemos hacer en nuestro pensamiento, en un esfuerzo por frenar nuestras compulsiones más insanas, será vulnerable a una variedad de fuerzas que usurparán o anularán nuestra cognición y volición consciente, y cederán el control de nuestras acciones a los sistemas más básicos y arcaicos de nuestra mente. Sabiendo esto, debemos ser conscientes de que tenemos un control sorprendentemente menor sobre nuestras propias mentes de lo que inicialmente pensábamos, y los momentos en que tenemos el control son solo aquellos en los que el placer inconsciente nos lo permite. También sabemos el tipo de enfermedad mental y neurosis que puede surgir en la persona que intenta protegerse contra sus compulsiones subconscientes a toda costa, por medio de solo sus facultades conscientes.[46] Esta persona es implícitamente consciente de la naturaleza errática de su mente, experimentando visceralmente, como ocurre en los momentos en que sus impulsos prohibidos están a punto de actuar, cuando su mente está lista para traicionarlo. Este tipo de hombre realmente no confía en su propia mente. [47] También tendrá que estar constantemente en guardia frente a esos momentos lo que, en general, restringirá muchas de sus actividades (normalmente debido a la ansiedad), ya que deberá defenderse ante situaciones en las que puede sucumbir a sus propios impulsos. Esto dará lugar a síntomas como la agorafobia, la paranoia y el trastorno obsesivo compulsivo.[48]

Pero, mientras que los cambios en el estado mental de alguien son esporádicos y nuestro control sobre ellos es débil, el entorno físico que nos rodea es prácticamente estático y nuestro control sobre él solo está restringido por nuestras limitaciones físicas. Podemos tomar decisiones para comportarnos de cierta manera y no está claro si las recordaremos, y mucho menos si podremos actuar en consecuencia, cuando llegue el momento. Pero una vez que cambiamos algo en nuestro entorno permanecerá de esa manera (salvo inesperadas acciones ajenas). Una persona que ha tomado la determinación de leer la próxima vez en lugar de ver la televisión, puede, incluso estando completamente aburrido, que se le pase por la cabeza la idea de que hay una oportunidad para hacerlo, de que olvide completamente lo decidido, o sea incapaz de tomar

---

[46] La persona que, por ejemplo, se recupera moralmente de cualquier deseo sexual, o la persona que está constantemente en guardia para no revelar accidentalmente algún secreto vergonzoso sobre sí mismo que también es, muy a menudo, de naturaleza sexual.

[47] Y en parte, sabemos que tiene razón.

[48] Por supuesto, la mayoría de las incursiones que dan lugar a perturbaciones de esta magnitud probablemente no puedan prevenirse por medio de un simple cambio en el entorno de esa persona.

medidas aunque lo recuerde.[49] Por otro lado, lo que le ayudará a mantener su determinación cuando desee ver la televisión es darse cuenta de la cruda realidad y comprobar que su televisor no está allí, porque lo guardó en un armario y se dedicó a la lectura dos días antes. De este modo, se pueden anular muchas compulsiones no saludables cuando la oportunidad de llevarlas a cabo se hace físicamente inalcanzable.[50]

Empleando la motivación social

Se puede hacer un buen uso de la motivación social para conseguir que lo relacionado con la consecución de su placer inconsciente se ajuste a sus objetivos conscientes.

1.) El hacer cosas con un amigo puede suponer que las actividades aburridas acaben siendo entretenidas y divertidas. Esto se puede implementar de modo que las actividades iniciales sean más fáciles o menos incómodas: lo que de otra manera sería un viaje largo y aburrido puede ser un momento agradable si lo haces con amigos.

2.) Se puede hacer que las actividades en sí mismas sean

---

[49] Este tipo de cosas ocurre muy frecuentemente.

[50] Las emociones placenteras que nuestra imaginación evoca no pueden eludir estar íntimamente ligadas a la realidad: nuestra mente no obtiene mucho placer de las imposibilidades. La mayoría de las ideas placenteras que ocupan compulsivamente nuestra mente son aquellas que tienen la posibilidad de convertirse en realidad. Una persona adicta a un videojuego solo piensa febrilmente en el juego cuando existe la posibilidad física de jugar. Una vez que no exista tal posibilidad, ya no obtendrá el placer anticipatorio de tales ensoñaciones y dejarán de invadir compulsivamente su mente. El pensamiento de la obtención del placer presupone la acción: si no hay posibilidad de acción, el pensamiento también pierde rápidamente su atractivo. Y así como una persona no puede experimentar ansiedad por una cosa que sabe que realmente no va a suceder, tampoco puede sentir ninguna emoción ante la perspectiva de jugar cuando sabe que el juego no está disponible.

más placenteras: elaborar una presentación puede ser mucho más agradable con un aspecto social añadido.

3.)   Los aspectos sociales también pueden contribuir a las consecuencias de ciertas acciones: prometerle a un amigo que harás algo te incomodará si dejas de hacerlo y, por lo tanto, es mucho más probable que realmente lo hagas. El incentivo de parecer virtuoso ante tus amigos puede motivarte para seguir un comportamiento más virtuoso. Las rivalidades y competiciones son frecuentemente unafuente de motivación para mejorarse a sí mismo, trabajar en algo y hacer todo lo posible por destacar.

Existe, sin duda, una gran cantidad de posibilidades para aprovechar la motivación social que de manera natural obtenemos de las personas que nos rodean para alcanzar las metas que nos proponemos.

Dividiendo su atención

Ya hemos mencionado que podemos dominar las necesidades del placer inconsciente mediante el uso de tácticas de dividir y conquistar. La compulsión, que pretende el aumento de placer, puede ser neutralizada dedicándola solo una pequeña porción de nuestra atención, y dejando el resto libre, a nuestra disposición. De esa manera, podemos dedicar esa atención extra a otras tareas productivas, aunque tediosas, como limpiar, cocinar, hacer ejercicio, etc., sin experimentar la aversión habitual a su naturaleza desagradable, ya que estaremos obteniendo placer de otra fuente. Este método está inmerso, por supuesto, en el proceso de la actividad en sí misma.

Dividir nuestra atención entre (1) tareas ordinarias y no muy complicadas y (2) alguna actividad divertida pero igualmente poco interesante, no solo hace que dichas tareas sean realmente placenteras (o más placenteras), sino que también nos permite poner en juego la totalidad de nuestra atención disponible, lo que supone otro gran esfuerzo de nuestra mente inconsciente. Las fuentes efectivas de placer que no consumen mucha atención incluyen escuchar música, jugar algún juego mecánico, masticar chicle o comer un sabroso alimento o tomar una bebida. Generalmente, las personas hacen algunas de estas cosas a la vez que muchas de las actividades diarias necesarias, y en gran medida poco gratas, para que sean más soportables.

Este es un excelente método para desempeñar actividades que no requieren mucha atención; sin embargo, es intrínsecamente inadecuado para actividades mentales que requieran toda nuestra atención, como la lectura, escritura, ejercicios matemáticos, etc. ya que es muy probable sufrir distracciones.[51] Pero es importante observar que, incluso durante las tareas no demasiado absorbentes, las actividades placenteras complementarias no ocupen demasiada atención, e incapacite para dedicar la cantidad requerida para desarrollar la actividad principal, que es la realmente importante. Por ejemplo: una persona que hace varias cosas a la vez, como jugar al solitario y escuchar un discurso, puede descubrir que, aunque inicialmente estaba manejando bien las dos tareas, el solitario está comenzando a llamar demasiado la atención (esto puede suceder por una variedad de razones) y empieza a perder la información del discurso. O la persona que escucha música mientras escribe, puede descubrir que su mente empieza a alejarse demasiado del sentido de la escritura y queda absorbido cada vez más por la música.

---

[51] Aunque en esos casos hay todavía una serie de actividades periféricas que pueden proporcionar una fuente de placer sin requerir prácticamente ninguna atención. Un ejemplo inmediato es el placer estético que nos brinda la Naturaleza: observar la belleza de la Naturaleza, oler un olor fragante, sentir una sensación placentera en la piel con una brisa fresca o un sol cálido, y así sucesivamente. No es de extrañar, pues, que las personas estén más motivadas cuando trabajan al aire libre en un día hermoso, y que los pensamientos profundos surjan más libremente y en abundancia en un entorno hermoso y natural.

Dirigiendo su atención

Deseo tocar aquí un punto que traté al final del Capítulo 3. Sabemos que los humanos tenemos la capacidad consciente de dirigir la atención, aunque la mayoría de las veces sea vencida por el poder de atracción de la atención del placer inconsciente, y principalmente cede la atención a las perspectivas de placer y, por otro lado, manifiesta los efectos del desagrado. Sin embargo, como percibir el placer o el desagrado también requiere atención, podremos dirigir nuestra atención conscientemente para gestionar la magnitud de nuestros afectos y, por lo tanto, el placer inconsciente. Consecuentemente, podemos explotar esta habilidad en situaciones en las que experimentamos simultáneamente múltiples fuentes de placer y/o desagrado, y utilizarla para impulsar acciones que estén en mayor acuerdo con nuestros objetivos conscientes.

Es posible centrar deliberadamente toda nuestra atención en una sola fuente de placer o desagrado, para sentirlo con mayor intensidad. Por otra parte, si esa atención se transfiere a partir de otras sensaciones de placer o desagrado, también servirá para hacer que esas sensaciones sean menos intensas. Del mismo modo que un leve picor se vuelve significativamente más incómodo cuando pensamos muy atentamente en él, y nos sentimos obligados a rascarlo a pesar de saber conscientemente que solo nos hará daño; también podemos dirigir conscientemente nuestra atención hacia un pequeño placer o desagrado, y utilizarlo para superar un afecto mucho más grande o más terrible.

Por ejemplo: una persona que conscientemente quiere levantarse de la cama, pero está paralizada por el puro placer físico de permanecer en ella, puede aprovechar una leve incomodidad como incentivo para levantarse. Si siente un poco de incomodidad o tensión en su costilla (pequeña en magnitud en comparación con el placer de acostarse en la cama), puede dirigir su atención solo a esa pequeña sensación de disgusto, y utilizarlo como punto de apoyo para abandonar el lecho.[52] Este método tiene que ver, por supuesto, con la sensación de placer o desagrado derivada de una actividad en el momento presente.

Empleando la emoción

Las emociones son una gran fuente de motivación y generalmente producen grandes cantidades de placer o desagrado. Podemos aprovechar el abundante poder motivador de las emociones redirigiéndolas conscientemente hacia conductas productivas. Las emociones son, por su naturaleza, maleables, y mientras instintivamente inducen hacia un tipo específico de acción (como el causar algún daño a la persona contra la que se dirige la ira), las acciones reales que elijamos pueden ser, en gran medida, determinadas por nuestra mente consciente.

Por ejemplo: un hombre enojado con su esposa por desairarlo puede buscar su venganza insultándola, destruyendo o desfigurando sus pertenencias, o posiblemente incluso causándola daño físico.[53] También puede reprimir su ira y acumular una considerable cantidad de estrés. Estas dos respuestas son claramente malas alternativas. Sin embargo, puede canalizar conscientemente su ira hacia una tarea productiva, como preparar su equipo de pesca, reemplazar al fin el neumático de su bicicleta, o alguna otra tarea manual que pueda requerir alguno de sus "hobbies", lo que le permitirá "alejarse" un rato de su pareja. Esto, en cierto modo, servirá como venganza, se vengará, y al menos en parte satisfará su ira que, a cambio, le servirá como motivación para hacer lo que de otra manera sería una tarea aburrida e insatisfactoria.

Este método de recanalización de las emociones se aplica

---

[52] Por un efecto similar, cuando una madre acaricia el pelo de su hijo enfermo, lo calma al permitirle redirigir su atención del dolor hacia la placentera sensación de la caricia de su madre.

[53] Generalmente, ese es el camino natural e inconsciente, hacia el que la ira conduce. Inconscientemente impulsa a una persona a vengarse de otra que provocó su ira, en la forma de "ojo por ojo".

tanto a las emociones positivas como a las negativas, pero con una diferencia clave: las emociones negativas, como la ira o la vergüenza, pueden redirigirse hacia fines productivos, pero solo si esos fines también satisfacen las compulsiones naturales e instintivas de dicha emoción (como vengarse o enmendar a alguien). Las emociones positivas como la felicidad y la emoción, sin embargo, no están restringidas a ser redirigidas hacia un propósito particular, ya que en su mayor parte terminan en sí mismas: son placer libre. La felicidad, inconscientemente, induce a una persona a experimentarla recordando de dónde emana, y la excitación empuja subconscientemente a la persona a planear y recrear la idea que lo excita, pero al mismo tiempo ambas son fuentes residuales de placer libre, de modo que la persona puede decidir afrontar cualquier otra tarea en su lugar, y encontrarla placentera ya que está experimentando el placer que proviene de esas fuentes emocionales (y químicas).

En el caso de las emociones negativas, este método de redirigir una emoción tiene que ver con las consecuencias de una acción, ya que es en el resultado de la acción (el hombre que se aleja de su esposa) donde reside la satisfacción. En el caso de las emociones positivas, sin embargo, el método tiene que ver con el proceso de la acción en sí misma, ya que dicha acción ahora se vuelve (y se anticipa que será) más placentera, debido al placer libre derivado de esas emociones.

El poder de la imaginación

El siguiente método es extremadamente crucial y tiene una importancia psicológica particular. Se corresponde con el inicio de una actividad. Cuando comenzar una actividad solo requiere movimiento físico, como levantarse del sofá, vestirse o meterse en el agua en la playa, la sencilla técnica de imaginarse físicamente realizando esos movimientos tiene el extraño efecto de inducir a ejecutarlos. Sabemos que incluso las acciones más sencillas necesarias para comenzar una tarea, como levantarse del sofá y moverse hacia un escritorio, pueden ser increíblemente difíciles de superar para quien carece de suficiente motivación para realizar la tarea real que va a comenzar. E incluso cuando su motivación sea suficiente, o cuando el tomar la decisión sea cosa de pocos segundos, la energía de activación de esos movimientos físicos simples, especialmente si son desagradables como levantarse de un cómodo sofá, a menudo será suficiente para que esa persona se sienta inhibida y decida no tomar acción en absoluto. Sin embargo, esta energía de activación puede superarse fácilmente, sin experimentar el menor desagrado, gracias al poder de la imaginación.

El truco es imaginarse, del modo más realista posible y en detalle, y aún mejor en primera persona, realizando los movimientos físicos que necesita realizar. Esto incluye imaginar cómo moverás los brazos, las piernas, el cuerpo, etc. En general, imaginar esto lleva unos pocos segundos, y después de hacerlo, pronto se encontrará, quizás para su propia sorpresa, entrando en acción de modo automático, y realizando esos movimientos sin darle más vueltas, y ejecutándolos prácticamente sin esfuerzo (esto generalmente ocurre al dejar de pensar en el tema). Démosle una oportunidad; es un truco verdaderamente extraño, y funciona como un atajo para superar la energía de activación de muchas actividades.

Hay dos razones por las que esto funciona. La primera es que después de imaginarse realizando movimientos físicos, su cuerpo experimenta una especie de tensión incómoda si realmente no los está ejecutando. De modo que por medio del principio de placer, se tiende a buscar realizar dichos movimientos para aliviar esa tensión. La segunda razón es que imaginar acciones, particularmente movimientos, antes de realizarlas es el "modus operandi" estándar de la conexión entre cuerpo y mente. Piense en los momentos en que, al caminar por algún lugar, hace automáticamente parte del camino sin pensarlo: esto sucede invariablemente porque, al comienzo de su viaje, imaginó (por un breve segundo, a veces completamente inconscientemente) el camino en esa ubicación exacta. Esto es más notorio cuando accidentalmente se termina en un lugar equivocado: cuando usted decide en medio de su paseo ir a otro lugar pero no logra rastrear esa ruta en su mente y termina en el destino inicial, para darse cuenta, finalmente, de que ya no existe ninguna razón para estar allí. Piense también en las horas en que automáticamente, sin pensarlo, realiza todas las acciones necesarias para ir al baño o tomar alimentos del refrigerador, y solo se da cuenta de que lo ha hecho justo cuando está orinando o comiendo. Esto sucede porque invariablemente usted rastreó la ruta y las acciones pertinentes en su mente antes de hacerlo. El mismo fenómeno ocurre cuando alguien piensa en decir algo durante una conversación, tal vez un comentario ofensivo, y finalmente concluye que mejor es no decir nada, pero de repente se encuentra gritándolo, de todos modos, en algún momento oportuno.

Cafeína y otras drogas

Ya hemos hablado del placer libre que se puede obtener por medios químicos, usando varias drogas y sustancias. Muchas drogas tienen el efecto del placer libre, que es lo que las hace tan atractivas, con el efecto adicional de que también limitan la atención y/o la cognición. El alcohol, por ejemplo, es una de esas drogas. Si a una persona se le asigna una tarea que requiera un alto nivel de trabajo intelectual y atención disponible, no es una buena idea beber alcohol con fines motivacionales. Eso estaría bien, sin embargo, para tareas rudimentarias como las tareas domésticas.

Ahora bien, existen algunos medicamentos que brindan un placer libre sin tener ningún efecto perjudicial sobre la cognición. Por ejemplo, la cafeína y el tabaco son sustancias muy populares y efectivas.[54] Podemos pensar en el efecto de la cafeína o el tabaco como el equivalente químico de escuchar música sin dedicarle ninguna atención. Al emprender una gran tarea, que requiera mucho esfuerzo y sea desagradable, a

---

[54] El tabaco, lo sabemos, es altamente perjudicial para la salud a largo plazo; mientras que la cafeína parece ser bastante inofensiva a este respecto.

menudo es extremadamente útil hacerlo con la ayuda de la cafeína e incluso del tabaco. Estas dos sustancias poseen también el beneficio adicional de brindar placer físico en la acción de ingerirlos. Tomar café, por ejemplo, produce placer porque sabe bien, y fumar un cigarrillo (o masticar tabaco masticable) produce placer porque el acto de hacerlo es físicamente satisfactorio.

El hacer uso de las drogas de esta forma tiene su impacto, claramente, en la actividad misma: hacer que dicha actividad en desarrollo sea más placentera ahora y en el futuro inmediato.[55]

Frustrar una necesidad

Otra técnica motivacional interesante es frustrar una necesidad o deseo presente y utilizarlo en cambio como recompensa por desempeñar una acción menos deseable. El hambre, la falta de placer, el deseo de fumar cigarrillos, impulsos sexuales, etc., pueden desatar un anhelo de satisfacción y distraerlo de su tarea actual. Sin embargo, esta llamada a la complacencia puede reutilizarse para que no sea un elemento de disuasión, sino un incentivo. El truco es replantearlo en la mente no como una alternativa a la actividad actual, sino como una recompensa que se conseguirá después de finalizarla. Esto se logra estableciendo una meta concreta para ser alcanzada en cualquier tarea en la que se esté trabajando actualmente: escribir un cierto número de páginas, o limpiar una determinada parte de la casa, o terminar una tarea en particular, y decidir recompensarse con la satisfacción del deseo, ya asegurado, después de cumplir con

---

55 Un efecto secundario negativo que tiene la cafeína, pero no el tabaco, es el casi inevitable "choque" que tiene lugar unas horas después de haberlo ingerido. En ese sentido, tiene una influencia limitante sobre la cognición, pero ese efecto es tardío. Por lo tanto, se puede considerar que la cafeína proporciona placer libre ahora, a cambio de disminuir la cognición en el futuro cercano. Pero, si se maneja adecuadamente, sus beneficios en la motivación superarán, en la mayoría de los casos, a sus inconvenientes.

el objetivo. Configurar el entorno para facilitar este tipo de recompensa futura, ignorando la satisfacción inmediata, también es muy útil para este fin.[56]

Este método es bastante efectivo, pero se debe usar de manera poco frecuente, ya que generalmente supone mucho estrés para la persona. Además, demorar algo como la satisfacción del hambre puede tener efectos biológicos perjudiciales. Este método está relacionado con el desarrollo de la actividad en curso, de la cual elimina los afectos negativos (al menos parcialmente), y las consecuencias de la actividad, a las que agrega el incentivo de satisfacer un deseo. El efecto que se consigue es transformar una distracción desagradable de una actividad actual en una motivación adicional para completarla.

Controle su capacidad de atención

Es muy importante que, en sus intentos de modular inteligentemente la motivación para lograr sus objetivos, tenga en cuenta no solo sus estados actuales de motivación sino también su capacidad de atención Su capacidad de atención total varía significativamente en el transcurso del día, y se ve influenciada por factores que incluyen el cansancio, la digestión y la cantidad de azúcar en la sangre. Algunas actividades requieren una gran cantidad de atención: por ejemplo, resolver problemas de física difíciles, leer literatura densa o programar una aplicación compleja.

Si simplemente no tiene suficiente atención a su disposición para afrontar una tarea, no va a poder ayudarlo ninguna cantidad de motivación. Además, la actividad inevitablemente se volverá desagradable debido a que no puede realizarla con éxito. También ayuda el ser consciente de su capacidad de atención en casos donde tiene demasiada atención disponible para la tarea en la que está involucrado. Si es así, la tarea se volverá rápidamente aburrida debido a un exceso de atención,

---

[56] Por ejemplo, tener su lugar de trabajo separado del lugar donde come o fuma.

y se verá impelido a hacer algo más placentero. En ese caso será bueno agregar una actividad complementaria a la actual, preferiblemente placentera (como escuchar música), o buscar una actividad diferente y compatible con la actual.

Monitorear su capacidad de atención requiere algo de práctica, pero es algo que probablemente podrá hacer bien en poco tiempo. Ser consciente de su atención y actuar en consecuencia se relaciona con la actividad actual en la que está involucrado y ayuda a determinar las razones por las cuales es desagradable.

Comience el día con placeres limitados

Uno de los mejores momentos para realizar una actividad productiva y complicada es poco después de despertarse. Lo más común es que una persona se despierte por la mañana en un estado neutro de placer (sin experimentar placer ni desagrado), o incluso experimentando algún placer residual derivado del sueño. En ese momento, puede emprender cualquier actividad que sea placentera (incluso muy levemente), ya que aún constituye una ganancia de placer. Si experimenta un placer residual por haber dormido bien, o un buen estado de ánimo por haber despertado para comenzar un hermoso nuevo día, puede emprender con bastante facilidad actividades incluso desagradables. En ese caso, una de las peores cosas que puede hacer es dedicarse a una actividad muy placentera, entretenida e inútil, como mirar la televisión o jugar un videojuego. Hacerlo, aunque solo sea por unos pocos minutos, sentará un precedente de obtención de placer del cual será extremadamente difícil salir para abordar una tarea más exigente y menos placentera.

Por supuesto, el caso del despertar es solo un buen ejemplo de un estado de placer neutro (o ligeramente positivo); y comenzar el día con una actividad altamente placentera no significa que el resto de ese día vaya a estar dedicado completamente a ocupaciones frívolas y altamente placenteras. Hay muchas cosas que una persona puede hacer para mantenerse en un estado neutro de placer, como salir a caminar, tomar una ducha, comer, echarse una siesta o meditar. Pero tampoco es raro que llevar a cabo una actividad placentera al comienzo del día termine siendo un día perdido y completamente ocioso. En cualquier caso, podemos concluir que no es una buena idea iniciar simultáneamente una actividad productiva y no demasiado placentera y simultanearla con otra frívola y más placentera. Normalmente, esto acaba desmotivando a la persona, incapaz de asumir por completo su tarea inicialmente prevista, y puede conducir a un día completo de procrastinación.

También debe tenerse en cuenta que en las ocasiones en que las personas se despierten en un estado de incomodidad—porque les duela la cabeza, o los huesos, o se sientan generalmente atontados—comenzar el día con una actividad productiva y no muy placentera no es lo más adecuado y muy probablemente no tenga éxito. Su motivación principal, entonces, iría dirigida a superar su descontento, y en ese caso, comenzar el día con una actividad placentera y despreocupada podría ser, por el contrario, lo más apropiado, siempre que alivie su incomodidad y se prepare para llevar a cabo una tarea provechosa. (Esto incluye mirar un video entretenido y estimulante para aliviar el cansancio o la somnolencia, y dar un paseo o tomar una ducha caliente para aliviar el dolor corporal).

Este método de modulación del placer está vinculado al incentivo del placer de la actividad misma, una actividad prevista. Tiene sus raíces en la relatividad del placer, que hace que las actividades ligeramente placenteras sean atractivas para una persona en un punto neutro, es decir, un estado aburrido, pero poco atractivo para alguien que ya está experimentando (o que acaba de experimentar) una mayor cantidad de placer de otra actividad.

Usando recordatorios físicos

Ahora ya deberíamos tener claro que un requisito importante para alcanzar los objetivos conscientes, a pesar de los embates ingobernables del placer inconsciente, es hacer coincidir cada uno de los estados mentales—es decir, la capacidad cognitiva y de atención que tiene una persona, así como el placer o desagrado que esté experimentando—con las tareas productivas que puede desempeñar con éxito en esos estados mentales. Sin embargo, un obstáculo a menudo imprevisto para conseguirlo es el fracaso inadvertido de nuestra memoria, cuya cooperación es valiosa en este sentido.

La mayoría de nosotros vive momentos en que, habiendo finalizado todas las tareas más urgentes, dispone del tiempo, la motivación y la capacidad cognitiva para hacer algo productivo y, sin embargo, no somos capaces de pensar en nada que podamos hacer. Más tarde, después de desperdiciar esa oportunidad dedicados al ocio, empezamos a recordar una gran cantidad de tareas y obligaciones de baja prioridad, como ver una conferencia, responder un correo electrónico, iniciar un proyecto paralelo o hacer una mejora modesta en nuestras condiciones de vida, que se ha tenido la intención de hacer (o se ha ignorado) desde hace tiempo.

El problema es que, para la mayoría de nosotros, y en relación con algunas de nuestras actividades más importantes, nuestras mentes no nos recordarán de manera fiable las cosas que hemos planeado hacer durante los momentos en que realmente hemos podido hacerlas. Afortunadamente, la mejor solución es extremadamente simple: configurar recordatorios en nuestro entorno físico como complemento y apoyo de nuestra memoria. (Como regla rápida: puede que sea una buena idea, y útil para nuestra productividad, ayudar o reemplazar una tarea mental, mediante alguna estrategia "física").

Puede tratarse de una pizarra, que instalada en un lugar destacado en el hogar o lugar de trabajo, ayuda en esta tarea de recordatorio a la perfección. Al anotar todo lo que se requiere o necesita hacer, cuando quiera que entre en su conciencia—lo que realmente requiere un mínimo esfuerzo—se crea una ayuda de memoria externa que no se puede evitar mirar a lo largo del día. Entonces, cuando no tenga ninguna tarea provechosa en la agenda, lo único que tiene que hacer es consultar la pizarra y ver todas las opciones posibles, lo cual es mucho más fácil y efectivo que estrujarse el cerebro pensando en ello. Y lo que es todavía mejor, debido a que los nuevos garabatos sobre la pizarra atraerán involuntariamente su atención, estos le recordarán sus diversos objetivos a corto plazo, incluso cuando no se de cuenta de que podría estar haciendo algo productivo, convirtiendo potencialmente lo que hubiera sido el estar ocioso en un logro valioso.

Sin embargo, es importante asegurarse de que haya una rotación, un cambio constante en las notas de la pizarra: lo que significa que deberá borrar las tareas antiguas (después de completarlas) y escribir otras nuevas. De lo contrario, si sencillamente se limita a llenar el tablero con tareas que nunca borrará, se convertirá rápidamente en otro mueble ignorado, que ni siquiera percibirá, debido a su pura familiaridad. Después de todo, es la novedad en su entorno lo que atrae instintivamente su atención, mientras que las cosas familiares se pasan por alto inconscientemente. Para decirlo de otra manera: su pizarra será más efectiva para indicar tareas a corto plazo, y no será demasiado útil para las que están en curso a largo plazo. Cabe decir que, aparte de una pizarra, puede usar notas adhesivas o una aplicación de lista de tareas con el mismo propósito. Pero las notas adhesivas pueden ser demasiado pequeñas para poder ser leídas a distancia, y la aplicación de la lista de tareas debe abrirse desde alguna dispositivo digital, que en sí mismo requiere esfuerzo. Por tanto, probablemente la pizarra, que atrapa nuestros ojos fácil y automáticamente, sea la mejor herramienta de que disponemos.

Este método está relacionado con el incentivo de placer general obtenido al desempeñar una actividad prevista. Nos trae a la mente actividades futuras y quizás eso mismo nos induzca a llevarlas a cabo, pero que de otro modo no lo haríamos sencillamente porque nos olvidaríamos de su existencia.

Capítulo 7

Aplicando lo que aprendimos

Ahora, finalmente, podemos volver a los ejemplos con los que comenzamos este libro y ver si, con el nuevo conocimiento de las cosas, podemos sugerir algunas formas de ayudar a esas personas para poder salir de sus problemas motivacionales.

El procrastinador

Comencemos con Jim, el procrastinador. No puede ponerse a escribir el trabajo que se le asignó sin poder dejarlo para el último minuto antes de la fecha límite, lo que le causa un gran estrés y el resultado final es muy pobre. Entonces, ¿dónde se encuentra el problema de motivación de Jim?

Lo primero que debería quedar absolutamente claro para nosotros es que el acto de escribir su artículo es considerado, de modo anticipado, como algo muy desagradable para Jim. El nivel de temor o inquietud ante dicha actividad no puede determinarse con exactitud, pero podemos afirmar con plena certeza que si la idea de escribir el artículo no supone para él un intenso desagrado, al menos está casi, o completamente desprovisto de todo placer.

Las consecuencias negativas de no llevar a cabo lo que se le ha encomendado, proporcionan a Jim cierta motivación para llevarlo a cabo. Pero, como mencionamos anteriormente, en realidad, éstas no ejercen su influencia hasta el último minuto, por lo que es más probable que Jim no aborde la tarea que se le propuso. Podemos suponer que el esfuerzo para comenzar dicha tarea es minúsculo, y no requiere nada más que encender su computadora y abrir Microsoft Word.

Por tanto, centraremos nuestros esfuerzos para atacar el problema principalmente en el proceso y sus consecuencias, ya que no se puede hacer mucho más para facilitar el comienzo de esta actividad, dada su sencillez.

Lo primero que debemos saber es si hay alguna manera de hacer que el proceso de escribir el trabajo, o mejor dicho, lo que Jim anticipa de ello, al menos sea algo placentero. Para esto, es bueno abordar primero cualquier otro factor que pueda hacer que la tarea parezca desproporcionadamente mucho más desagradable de lo que realmente es. En ese tipo de escenario, la incapacidad de una persona para imaginar de forma adecuada lo que en realidad debe hacer para llevar a cabo la tarea normalmente sirve como tal elemento de disuasión. Con frecuencia, el temor de una persona ante una tarea muy costosa, aparentemente insuperable, o su ansiedad ante la idea de que no sería capaz de llevarla a cabo (o hacerla mal), acaba por imbuirle la idea de que la actividad es mucho más desagradable de lo que realmente es.

Esto puede resolverse planificando dicha actividad antes de intentar abordarla de frente, y descomponerla en piezas más pequeñas, más manejables (y más imaginables). Jim puede dividir la actividad de escribir su trabajo en partes independientes de cada sección, o por temas. Esto le permitirá imaginar más fácilmente lo que necesita hacer para desarrollar cada una, y así eliminar cualquier temor o ansiedad innecesario que pueda experimentar antes de afrontar "toda la tarea", pero no cuando la considera dividida en sus componentes más pequeños. Por supuesto, dado que Jim sólo puede escribir una parte cada vez, esto no hará que su trabajo sea más difícil, físicamente hablando (excepto, tal vez, el esfuerzo de dividirlo y planificarlo), pero hará que su trabajo sea mucho más fácil psicológicamente.

Por tanto, es extremadamente importante que le aconsejemos a Jim que no comience sus intentos de escribir con actividades placenteras o entretenidas, aunque sea para "prepararse para escribir" o cualquier otra razón equivocada, ya que sabemos que esto tendrá exactamente el efecto contrario. Tomando esto en consideración, podemos conseguir que el proceso de escritura no sea "relativamente desagradable", al aconsejarle a Jim que ajuste sus horarios para cuando esté de buen humor o evidentemente en un estado neutro para escribir su trabajo. Sin embargo, incluso si Jim hace todo lo posible para asegurarse de que la actividad de escribir su artículo no parezca desagradable por medio de la relatividad, no servirá de nada si el proceso real y físico de escribirlo sigue siendo claramente desagradable.[57]

Como no podemos hacer nada para cambiar el proceso natural de escritura o el contenido de lo que Jim tiene que escribir, debemos buscar formas auxiliares para que este proceso sea más placentero. Suponiendo que esto requiera toda la atención de Jim, no podemos utilizar la música para este propósito. La mejor ayuda auxiliar de la que Jim puede disponer aquí es, sin duda, la cafeína, que le proporcionará un placer libre, que calmará y mitigará el desagrado inherente que experimenta al escribir su tarea. Por lo tanto, es muy recomendable beber café justo antes, o durante sus intentos de escribir.[58] Escribir el artículo junto a un amigo es otro gran medio para hacer que el proceso sea más agradable; incluso puede ser más fácil si el amigo hace sugerencias valiosas sobre

---

[57] Después de todo, existe una diferencia psicológica clave entre el cambio de una actividad neutra, o desagradable, y una levemente placentera, y el cambio de una actividad altamente desagradable a una menos desagradable. La primera situación es agradable, ya que satisface el placer inconsciente a través de una ganancia relativa en el placer; la segunda, por otro lado, sólo intercambia un desagrado por otro, y el placer inconsciente, en lugar de sentirse satisfecho con esto, buscará eliminar este nuevo desagrado para cambiarlo por alguna (aunque sea muy pequeña) cantidad de placer.

[58] Las emociones positivas como la felicidad, la emoción y el amor se pueden usar de la misma manera, pero esas no son alcanzables de manera confiable.

lo que Jim debe escribir.

Suponiendo que implementamos todo lo anterior, es probable que lo que hagamos todavía sólo logre hacer que la tarea de Jim sea meramente neutra en placer, o un poco desagradable. Pero está bien, porque todavía hay una fuente de motivación sin explotar que Jim puede utilizar en el dominio de las consecuencias de la acción.

Hay varias formas mediante las cuales Jim puede obtener motivación de forma artificial. Por ejemplo, puede hacer una apuesta con un amigo (incluso una apuesta consigo mismo puede ser ciertamente una buena idea). Otra forma puede ser hacer afirmaciones optimistas o promesas sobre terminar el trabajo a tiempo y luego someterse deliberadamente al escrutinio de sus amigos. También puede tratar de frustrar una necesidad, como ver la televisión, salir con amigos, emborracharse o tener relaciones sexuales, y luego incentivarse a sí mismo usando la satisfacción de esa necesidad como recompensa por haber completado una cantidad fija de su tarea.

Estos factores de motivación combinados deberían hacer que Jim pudiera trabajar en su tarea sin tener que verse sometido a la amenaza de su fecha de vencimiento. Pero incluso si esto resulta insuficiente, tal vez dejarlo hasta el último minuto pueda ser la mejor opción, ya que es probable que nada más que una catástrofe inminente sea suficiente para motivar a esta persona a trabajar (al menos en esta tarea en particular).

Sin embargo, todavía hay una advertencia que debemos tomar en consideración. Suponiendo que Jim siga nuestros consejos, y que le proporcione suficiente motivación para escribir su tarea sin postergarla hasta el último momento, de eso no se debe concluir que automáticamente vaya a hacer ningún progreso significativo en ella. Es posible, incluso probable, que poco después de comenzar, Jim pase de escribir su trabajo a otra actividad más placentera, y luego sea totalmente incapaz de reanudar su trabajo. Una cosa es comenzar una tarea y otra continuar dicha tarea sin abandonarla tras cinco o diez minutos. Pero, afortunadamente, sabemos exactamente cómo abordar este problema.

Aquí nos encontramos con el reto por excelencia de modular la motivación de una persona para que se abstenga de intercambiar su actividad actual por otra posibilidad más placentera. Ya sabemos que, en este caso, se trata del hecho de que el placer de la actividad presente más las consecuencias de dejarlo superan al incentivo de placer de las tres dimensiones: la energía de activación, el acto y el resultado previsto de la actividad (consulte la Figura 3). Resulta que, como ya hicimos todo lo posible para que la actividad actual sea lo más placentera posible y sus consecuencias lo más significativas posible, nuestra única opción restante es reducir "la promesa" de placer contenida en todas las demás actividades. Afortunadamente, esto no requiere que Jim realice el mismo tipo de manipulaciones motivacionales descritas anteriormente para cada actividad más placentera que escribir su artículo. Todo lo que necesita Jim es aislarse de esas actividades, distanciarse de ellas haciéndolas casi inviables.

Lo que permitirá a Jim persistir en su tarea, sin cambiarla por una más placentera, es simplemente mantener todas esas actividades fuera de su alcance, de modo que el esfuerzo necesario para comenzar esas actividades hace que sea una perspectiva poco atractiva. Trabajar en un entorno desprovisto de oportunidades para esas actividades—una biblioteca o un sótano, por ejemplo—es la forma estándar y eficaz para lograrlo. Pero no se tiene que llegar al extremo como una reclusión completa: a menudo, algo tan simple como desenchufar la televisión o Internet crea una barrera de esfuerzo suficiente para evitar que una persona abandone su trabajo para ceder a esas atractivas actividades.

Con todas estas consideraciones en mente podemos cerrar el libro sobre Jim quien, si sigue nuestros consejos, es muy probable que tenga éxito. Y eso es lo mejor que podemos hacer por él.

La asistente al gimnasio

Centremos ahora nuestra atención en Paloma, incapaz de encontrar la motivación para ir al gimnasio y hacer ejercicio.

La situación de Paloma encuentra problemas de motivación en los tres frentes. Primero, solo dirigirse al gimnasio requiere que ella salga de su casa y se traslade a una cierta distancia para llegar allí. No sabemos exactamente cuánto tiene que viajar, pero en cualquier caso, sin duda requiere una cantidad de esfuerzo no despreciable. En segundo lugar, el ejercicio está obligado a ser, al menos parcialmente, incómodo, ya que ciertamente causa dolor físico y es probable que también sea monótono. Y tercero, las consecuencias beneficiosas de hacer ejercicio de forma regular ya no están tan claras para Paloma. Podemos suponer que en las primeras semanas, cuando asistió diligentemente al gimnasio todos los días, estaba más que nada motivada por las consecuencias deseadas tras hacerlo. Pero después de no ver resultados significativos tras ese tiempo, esas consecuencias dejaron de parecerle reales y se convirtieron en una meta más abstracta, posiblemente inalcanzable. Esencialmente, ella perdió ese aspecto de su motivación. Además, también es probable que la actividad física de hacer ejercicio se volviera más monótona e incómoda para ella con el tiempo.[59]

Debido a que el esfuerzo que Paloma debe hacer para llegar al gimnasio es una cuestión de distancia, ella no puede hacer mucho para reducir la cantidad real de esfuerzo que requiere tal acción, es decir, el hecho de ir allí. Sin embargo, puede encontrar formas de reducir su incomodidad. Escuchar música o un audiolibro mientras camina hacia el gimnasio es una excelente manera de hacerlo más agradable, y hacer el viaje con un amigo tendrá el mismo efecto. Otra cosa que Paloma puede hacer es aprovechar la oportunidad de ir al gimnasio cuando ya

---

[59] De hecho, la mera idea de trabajar para conseguir un objetivo contribuye al placer que una persona obtiene de una actividad, infundiéndole entusiasmo y propósito; al pensar en la misma actividad como una especie de obligación, que debe realizarse por algunas razones abstractas y tenues, es probable que tenga el efecto exactamente opuesto.

ha hecho el viaje hasta allí por alguna otra razón (como cuando pasa por el gimnasio después de visitar a una amiga que vive en la zona) o cuando tiene más de una razón para trasladarse hacia allí (como comprar comida en un buen supermercado al lado de su gimnasio).

Para que el proceso real de hacer ejercicio sea más placentero, Paloma puede utilizar muchos recursos análogos. Escuchar música durante el entrenamiento ciertamente ayudaría a que el proceso sea más agradable, pero hay una gran posibilidad de que esto por sí solo no sea suficiente para que la actividad sea placentera en general. Escuchar un audiolibro puede ser el truco, pero dado que generalmente requiere la atención indivisa de una persona, es más probable que distraiga a Paloma del proceso real de ejercicio, y que lo haga con poco entusiasmo. Trabajar con un amigo es, probablemente en este caso, la mejor opción. Agregar un aspecto social a la actividad contribuirá en gran medida a que sea agradable sin producir ninguna disminución en el rendimiento real. Otra opción es tomar uno de los muchos suplementos de entrenamiento que hay en el mercado, que son esencialmente sustancias agradables al gusto (y posiblemente incluso inhiben algunos dolores físicos), para hacer frente a la monotonía y la incomodidad física del ejercicio. Sin embargo, la prudencia deberá tomar en consideración el efecto de tales sustancias a largo plazo.

Si bien es dudoso que podamos hacer algo para restaurar el afán original de Paloma por conseguir los resultados del ejercicio, al menos hasta que vea resultados significativos al hacerlo, aún podemos incrementar su motivación en este sentido de otro modo. Si ella ha seguido nuestro consejo y ha trabajado con un amigo, esa es una excelente fuente fructífera de motivación para luchar por la consecución de los beneficios del esfuerzo. Por ejemplo, si cede y no va al gimnasio, también decepcionará a su amigo, lo cual puede verse reforzado con sentimientos de culpa y vergüenza, si no quiere parecer vaga o patética ante su amigo. Tener un entrenador personal es otra gran opción, en el caso en que Paloma no pueda encontrar una amigo para frecuentar el gimnasio con ella, o si ese amigo no le proporciona suficiente motivación por sí mismo. Un entrenador personal cumple esencialmente el mismo papel motivador que un compañero de gimnasio, solo que con mayor intensidad, ya que tienden a estar más enojados y juzgan más críticamente que un amigo.[60] Y, por supuesto, Paloma también puede hacer apuestas de diferente tipo con alguien que asista al gimnasio; que siempre es una buena fuente de motivación de consecuencia adicional.

Una vez que Paloma acumule suficiente motivación para ir al gimnasio, no tenemos que preocuparnos demasiado por evitar que deje de hacer ejercicio en favor de otra actividad más placentera. Por un lado, el gimnasio es un lugar bastante aislado, y todas esas actividades probablemente estén fuera de su alcance. Además, si asiste al gimnasio con un amigo o entrenador personal, simplemente abandonar el ejercicio en medio de una sesión programada es una opción muy desagradable, ya que tendrá que sufrir una buena cantidad de emociones negativas (ya sea vergüenza o ansiedad...) si ella se va sin avisarles, o tener que darles explicaciones.

Con esto quedan revisadas todas las variables de este escenario, y no podemos hacer más sobre el asunto.

El fumador

El caso de Juan, el fumador, es un caso particularmente interesante. Es probable que la mayoría de la gente piense que su situación sea diferente de nuestros otros ejemplos, ya que su adicción al cigarrillo es (al menos en parte) física, mientras que los problemas en los otros casos parecen ser totalmente psicológicos. Nosotros, que ahora somos conscientes de la verdadera naturaleza de la motivación, debemos saber que esta distinción es superficial.

---

[60] El consejo sobre la técnica y el régimen de ejercicios que proporciona un entrenador personal también puede ser muy valioso, incluido el beneficio de un plan de acción planificado, más un diseño imaginable de los resultados que uno puede esperar después de un período de tiempo determinado.

Una persona que se dice que es psicológicamente adicta a una sustancia (o a una actividad) se sabe que la busca por insatisfacción, por falta de algún otro placer deseado. Una persona que se dice que es físicamente adicta (a lo que casi siempre es una sustancia) busca esa sustancia porque experimenta algún tipo de disgusto, generalmente por influencias químicas, cuando está sin ella. Esta distinción es, por supuesto, una distinción válida. Pero al final, todo se reduce a la moneda común de dos caras: el placer y el desagrado, y podemos usar nuestras herramientas para controlar la motivación para luchar con ambos.

Ya hemos visto a Juan aplicar nuestros métodos a la parte inicial de su actividad no deseada, al hacer que sea físicamente más difícil para él comenzar el acto de fumar. Hizo casi todo lo que pudo para hacer que la tarea de obtener un cigarrillo fuera lo más difícil posible. Pero aunque este fue verdaderamente un intento encomiable, resultó ser insuficiente.

Entonces, ¿dónde le faltó a Juan la motivación? No fue para hacer el esfuerzo necesario para evitar comenzar a fumar, ya que lo hizo. Su motivación relativa a las consecuencias tampoco parecía faltar, ya que le impidió fumar durante todo el tiempo que lo hizo. El acto real de fumar fue ciertamente muy atractivo para él, debido al placer que prometía dar y el descontento que prometía aliviar, pero el esfuerzo necesario para iniciarlo y los pensamientos de sus consecuencias negativas parecía que mantuvieron su deseo a raya. Sin embargo, el intento de Juan de dejar de fumar se vino abajo cuando el malestar por no fumar y su deseo de fumar le impidieron hacer su trabajo con normalidad, lo que agregó consecuencias negativas muy sustanciales al hecho de no fumar. Esto inclinó la balanza, y Juan finalmente sucumbió.

El primer paso, y más obvio, para mejorar la situación de Juan, es eliminar esas consecuencias negativas de quedarse con su resolución de renunciar. Le aconsejaríamos tomarse un tiempo libre del trabajo y dedicar ese tiempo al ocio, para que su lucha contra el tabaquismo no lo distraiga de nada importante. Esto debería lograr reducir el problema de Juan, quedando exclusivamente en abstenerse del poderoso impulso de buscar placer (en el tabaquismo) y reducir la incomodidad (por la falta de nicotina), sin tener que manejar otros problemas, como el rendimiento laboral. Pero aun así, existe el riesgo de que ese impulso crezca demasiado y Juan no pueda resistirlo a pesar de todo el esfuerzo que debe hacer para satisfacerlo y de todas las consecuencias negativas que se derivarían de ello.

Hay, por supuesto, margen para trabajar en que la obtención de un cigarrillo sea aún más difícil y acrecentar las consecuencias negativas de fumar aún más; pero es probable que esto tenga beneficios claramente decrecientes. Probablemente lo mejor que se puede hacer es colocar a Juan en un ambiente completamente desprovisto de cigarrillos, donde obtener uno sería físicamente imposible; pero algo así es generalmente inviable. Excluyendo esa opción, el segundo mejor enfoque es hacer que Juan participe en otras actividades que proporcionan placer.

El deseo de Juan de fumar consiste tanto en una necesidad de placer, que puede satisfacerse por diversos medios, y un deseo de reducir el fastidio por su falta de nicotina, que solo puede satisfacerse con cigarrillos o alguna otra fuente de dicha sustancia. La primera parte de su compulsión por fumar puede satisfacerse sustituyendo el acto de fumar por otra cosa que brinde placer: escuchar música, ir de excursión o nadar, tomar un batido o mirar televisión o incluso ingerir alguna otra sustancia química (como la cafeína).[61] Principalmente, esto

---

[61] Sin embargo, existe un peligro importante que uno debe evitar en este caso. El acto de fumar está asociado en la mente de una persona a otras actividades antes, durante o después de las cuales normalmente fumaría, por lo que participar en esas actividades provocará en él un impulso poderoso tendente a fumar un cigarrillo. Por tanto, cuando uno pretenda dejar de fumar, nunca deberá tratar de reemplazar el fumar por ninguna de estas actividades, ya que solo amplificarán sus deseos de fumar. La mayoría de los fumadores, por ejemplo, consumen café junto con cigarrillos, por lo que es decididamente mala idea intentar reemplazar el consumo de tabaco con cafeína. Por lo tanto, es mejor reemplazar los cigarrillos con una

servirá para disipar su deseo de placer de su fuente habitual (el cigarrillo). Pero también tendrá el beneficio añadido de calmar ese segundo aspecto (el fastidio), haciendo que su actividad actual sea más placentera, y por lo tanto la actividad imaginada placentera de fumar sea relativamente menor. Así como la caricia de una madre hace que un niño enfermo se sienta mejor porque es placentera y desvía su atención del dolor de su enfermedad; también hará algo que amortigüe el desagrado que siente Juan por la falta de nicotina, y que el fastidio por no fumar sea mucho más llevadero.

Si Juan no quiere tomar nicotina de modo alternativo como goma de mascar o como un parche, no tenemos más consejos que darle. No va a poder hacer nada para aliviar su desagrado y, en cambio, deberá soportarlo, aguantando todo el tiempo sus deseos de fumar. Y si decide seguir nuestro consejo y logra resistir la tentación, el disgusto pronto disminuirá y finalmente se desvanecerá por completo.[62] Es importante darse cuenta de

---

actividad totalmente fresca, nueva y placentera, preferiblemente una que la persona nunca haya probado antes.

[62] Si Juan elige utilizar fuentes alternativas de nicotina, los métodos que se describen aquí seguirán siendo completamente válidos y proporcionarán ayuda adicional en sus intentos de dejar de fumar. También es útil tener en cuenta que las fuentes sustitutivas de nicotina no deben usarse para reemplazar el tabaquismo, sino que deben ser una forma de distanciar a la persona de la droga tomando dosis cada vez más pequeñas. Este será un buen método si cada parche de nicotina o chicle sucesivos tiene cada vez menos nicotina, ya que eso le permitirá a la persona sentirse cada vez más distendido, experimentando con el paso del tiempo una incomodidad cada vez más ligera, facilitando sin duda su liberación. Sin embargo, hacer lo mismo con los cigarrillos, y fumar cada día un poco menos, no es algo que recomendaría, ya que esto deja la opción de fumar más de la cantidad asignada a cada día a la propia discreción personal. Es muy fácil y sencillo poner otro cigarrillo en la boca cuando el paquete está a mano, pero no tanto lo es el ponerse un segundo parche de nicotina. Si los cigarrillos son su única arma, es mucho mejor dejar de

que precisamente porque la necesidad de fumar disminuye con el tiempo (mientras se mantenga la abstinencia) dejar de fumar sea una posibilidad alcanzable. Si por el contrario, esa necesidad se fortaleciera con el tiempo se hiciera más fuerte con el tiempo, al ser descuidada, como el impulso sexual, todos los intentos por desterrarlo serían infructuosos, y se necesitaría un

---

fumar, como se recomienda aquí, que tratar de alejarse gradualmente de ellos.

(Adición de 2017): Desde la redacción de este libro en 2013, ha surgido una nueva tecnología para facilitar mucho más el dejar de fumar: los vaporizadores. Se trata de cigarrillos electrónicos esencialmente sofisticados, que utilizan un elemento calefactor para convertir una fórmula líquida especial (un solvente inerte, con nicotina y aromatizantes disueltos en ella) en un vapor inhalable que la persona respira como un sustituto del humo del cigarrillo. La estrategia para usar estos "virus" para dejar de fumar es prácticamente idéntica a la del uso del parche de nicotina o la goma de mascar. La persona comienza con un líquido que contiene un alto contenido de nicotina, y cambia gradualmente a uno con cada vez menos nicotina, hasta que está vapeando un líquido sin nada de nicotina. Estos dispositivos son increíblemente efectivos y han ayudado a millones de personas a dejar el cigarrillo de una manera definitiva en muy poco tiempo; lo cual debería tener perfecto sentido para nosotros (lectores avanzados de este libro), ya que proporcionan tanto la nicotina como el placer físico que conlleva el acto de fumar, siendo ambos satisfactorios de usar y, además, vienen en cientos de sabores apetecibles (a diferencia del chicle, que puede tener un sabor desagradable, o el parche, que proporciona un placer neutro). Sin embargo, hay un escollo importante que se debe evitar al usar un vaporizador para dejar de fumar. Se trata de que muchas personas tienen uno o dos cigarrillos reales además de usar el vaporizador. El vapear no elimina la necesidad de fumar un cigarrillo; eso es algo que uno debe hacer en lugar de fumar, hasta que desaparezca la necesidad fumar un cigarrillo tradicional. El vapear no se puede emplear con éxito junto con los cigarrillos, si lo que se desea es dejar de fumar, ya que, muy por el contrario, ello generalmente lleva a fumar el doble.

enorme esfuerzo para resistirlo.[63]

Sin embargo, la necesidad de fumar un cigarrillo ciertamente puede aparecer, y sobre todo cuando se tiene uno a mano. Muchos exfumadores que no han fumado un cigarrillo durante meses o años (o que ni siquiera han deseado fumar uno solo), descubren que sus antiguos deseos vuelven con toda su fuerza y que recaen en la adicción después de fumar un cigarrillo de forma casi inadvertida.

Por supuesto, la solución después de haber dejado de fumar es atenerse a ello, y evitar tener a mano cigarrillo en ningún momento, si es que se quiere evitar una recaída. Esto, como todo lo demás, puede lograrse utilizando las técnicas de motivación mencionadas anteriormente, la más potente de las cuales es hacer que sea muy difícil tener un cigarrillo a mano, lo que significa no comprar nunca un paquete.

El videojugador empedernido

Rafael, el videojugador, está completamente embelesado con su videojuego y apenas puede hacer nada más que jugarlo. Podemos decir que sufre una adicción psicológica al juego (ya que es la compulsión de buscar el placer lo que lo atrae), si no fuera porque esta adicción dura solo seis días. Ahora bien, la única razón por la cual Rafael ha podido abandonar el juego después de solo seis días ha sido que, en esos seis días, logró finalizarlo. Después, el juego dejó de tener la misma atracción para él, ya que no le suponía ningún reto a alcanzar ni otra experiencia novedosa.

Con lo que ahora sabemos acerca de la motivación, podemos predecir con confianza que si el juego de Rafael durase doce días (o incluso treinta días) en lugar de seis, entonces ese sería el tiempo durante el que jugaría, y durante el que se mantendría su adicción.[64] Si el juego pudiera continuar

---

[63] Intentar algo así en el ámbito de la relación sexual puede conducir a una enfermedad psicológica aguda.

[64] Hay una multitud de casos similares en los que una adicción

indefinidamente, sin un final definido, o si hubiera una multitud de juegos igualmente emocionantes, fácilmente disponibles para que Rafael jugara después de superar el primero, es muy posible que su adicción se mantuviera indefinidamente. [65]

En cualquier caso, no podemos evitar el considerar que es muy peculiar que el solo hecho de estar expuesto durante un breve período de tiempo a un videojuego sea suficiente para que Rafael pueda acabar sufriendo una poderosa adicción psicológica, aunque solo sea por seis días. Por ello, debemos considerar cuán superficial es realmente el término adicción, especialmente la adicción psicológica. Después de todo, las raíces de la adicción temporal de Rafael son perfectamente conocidas por nosotros: está arraigada en la ubicua necesidad de placer biológicamente impregnada en todas las personas. De hecho, podemos decir con justicia que todos los seres humanos somos adictos por naturaleza: adictos al placer. Solo cuando ese placer se adquiere predominantemente a partir de una sola fuente no saludable—como Rafael lo es de los videojuegos—lo etiquetamos convencionalmente como una adicción.

El problema motivacional de Rafael es claramente que, para él, el videojuego es sencillamente muy divertido.

Ya hemos visto anteriormente el modo en que una adicción como esta a los videojuegos se puede superar guardando el juego lejos, obligando a la persona a realizar un gran esfuerzo para comenzar a jugarlo. Esto es perfectamente aplicable al

---

transitoria a un videojuego dura por un período de tiempo más o menos largo, que finaliza solo cuando la persona se aburre del juego (ya sea por haber sido derrotado o no).

[65] Es decir, al menos hasta que experimente una poderosa repulsión psicológica—una conciencia vergonzosa o culpable—por su adicción; o hasta que se someta a un cambio importante de las circunstancias, ya sea por propia voluntad o de otra manera, que le impida jugar.

caso de Rafael, y hacer algo así es, casi con certeza, la mejor alternativa que tiene para dejar de jugar. Por supuesto, en nuestro caso, Rafael finalmente abandona el juego porque lo supera. Esa es otra forma efectiva de abandonar un videojuego adictivo, aunque requiere una mayor cantidad de tiempo y esfuerzo antes de lograrlo.

Consideramos importante agregar una técnica adicional que se puede implementar en esta situación. Consiste en eliminar el resultado parcial obtenido y comenzar de nuevo el juego desde el principio, aun cuando se haya completado una buena parte (tal vez un cuarto de él, tal vez la mitad, tal vez el 75%). De ese modo, la perspectiva de jugar ya no es puramente placentera, ya que para llegar a las partes emocionantes y novedosas del juego (las que aún no se han alcanzado) es necesario volver a jugar las partes anteriores que ya no son nuevas o interesantes. El temor a la repetición aburrida de las primeras partes del juego, que puede llevar horas o días, es suficiente para dominar la emoción y la novedad prometidas por las partes siguientes del juego. Además, el conocimiento de haber eliminado deliberadamente el registro anterior con la intención de no volver a jugarlo, tendrá muchas oportunidades de despertar un sentimiento de vergüenza y/o culpabilidad (disuadiendo a esa persona de volver a jugar o haciendo que lo abandone).

También es importante tener en cuenta que completar un juego a menudo lleva a los jugadores a buscar el placer en otro juego similar. Después de todo, su impulso de buscar el placer todavía está allí, solo que ahora este juego en particular ya no les va a satisfacer como antes. El resultado es que este videojuego ya no ocupará la mente de la persona, y toda su motivación para buscar un disfrute parecido se encontrará libre para encontrar otros que brinden la misma satisfacción, y la motivación para adquirir ese placer es muy poderosa, ya que habiendo sido tan agradable ese primer videojuego estará dispuesto a invertir una gran cantidad de esfuerzo para encontrar un reemplazo, y muy probablemente conseguirá hacerlo. Sin embargo, si ese primer juego se abrevia a la mitad, la entidad de la motivación será bastante diferente.[66] Ese primer juego todavía ocupará la mente de la persona como una forma de satisfacer su anhelo de disfrute, aunque ya no tanto por los desincentivos antes mencionados. De este modo, las perspectivas de tener que encontrar un nuevo juego o tener que reiniciar el anterior supondrán un esfuerzo equivalente y nada desdeñable[67], por lo que la persona muy probablemente no elija ninguna de las dos opciones.

De esta forma, obligarse a comenzar un juego parcialmente completado desde su inicio una vez más, si quiere jugarlo, ciertamente "vacuna" completamente a la persona contra tales juegos. Guardar el juego donde no se puede alcanzar fácilmente también tendrá el mismo efecto. Ambos, después de todo, proporcionan un impedimento muy similar evitando el juego. En cada caso, la persona debe hacer algo que requiera mucho tiempo, esfuerzo y aburrimiento para llegar y reanudar el juego desde donde sea interesante para él. Esas son las mejores y más efectivas técnicas para enfrentar este tipo de

---

[66] Me parece útil, al pensar sobre la motivación, imaginar todas las actividades placenteras disponibles para una persona como colinas dispersas alrededor de un paisaje plano, con la persona situada de pie en su centro. La altura de cada colina es proporcional al placer que traerá la actividad que representa, y la distancia de la persona de cada colina representa cuán difícil es comenzar esa actividad. Por supuesto, la persona querrá escalar las colinas y sentirse atraída por sus picos.

Al imaginar todas las actividades que atraen a una persona por placer y lo fácil que es para él comenzarlas en este tipo de "paisaje motivacional", se podrá ver con facilidad a qué actividades se inclinará más decididamente cuando esté aburrido, y las mejores formas en que esto se pueda modificar (por ejemplo, modificando la altura o la distancia de las colinas).

[67] Sus pensamientos podrían muy bien ser expresados como: "Si tuviera que buscar y comenzar un nuevo juego, también podría reiniciar y completar el anterior, ya que eso es lo que realmente deseo".

situaciones. Pero, además, las fuentes periféricas de motivación son, como siempre, un complemento útil para apoyar los esfuerzos primarios de cada uno.

El dormilón

Finalmente, llegamos a nuestro último ejemplo: Fernando, el dormilón. El caso de Fernando difiere de los anteriores en que, en lugar de luchar contra una fuerte compulsión hacia un comportamiento peculiar mientras uno intenta llevar a cabo una actividad en la que se siente comprometido, experimenta, sin embargo, una imperceptible relajación de su motivación para acabar incumpliendo su compromiso abandonándose a una de las funciones biológicas más básicas: dormir.

Para poder entender el caso de Fernando lo que primero debemos hacer es abandonar la noción primitiva de que el sueño de una persona está determinado por un reloj biológico psicológicamente independiente, regulado entre siete y ocho horas por día, concluyendo que cualquier persona que constantemente duerma más o menos que eso debe estar afectada por algún tipo de enfermedad psicológica o biológica. Abandonando esta idea, debemos decir que el sueño es un comportamiento como cualquier otro, y está sujeto a todos los mismos principios de motivación y del placer inconsciente. Después de todo, ¿el sueño no es placentero? ¿No alivia el cansancio, que nos produce una sensación desagradable?

El sueño es placentero, incluso sin tomar en consideración el cansancio. Pero primero examinemos la psicología del cansancio para ver si dicho cansancio pudiera ser responsable del sueño excesivo de Fernando.[68]

De lo que la mayoría de las personas no se da cuenta es que

---

[68] El siguiente análisis de la dinámica del cansancio y la psicología subyacente se agregó a esta publicación por primera vez en 2017, después de darme cuenta de que, más que cualquier otro factor, esta era la principal (si no la única) causa que hay detrás de la mayoría de los casos de abandono al sueño.

la sensación de cansancio no se produce solo como resultado de permanecer despiertos durante un día completo. Más bien, es un fenómeno psicológico muy distinto, desencadenado por un "disparador" psicológico muy específico, y ese desencadenante es el obligarse a prestar atención a algo que es totalmente aburrido, desagradable o monótono. Como ya sabemos, en la búsqueda del placer el inconsciente se esforzará por apartar su atención precisamente de tales cosas, aunque frecuentemente la persona tendrá alguna otra fuente de motivación, generalmente la motivación que proporciona la finalización del trabajo, lo que hará que la persona mantenga su atención fija en su tarea, manteniéndose despierta. Es esta lucha interna para enfocar su atención en algo que le desagrada—esto es, aburrirse deliberadamente, sin buscar escape en algo placentero—lo que de forma natural producirá la sensación de cansancio.

Supongamos que estás leyendo un libro y que acabas de entrar en una parte aburrida del mismo, pero te obligas a seguir leyendo para llegar a otra parte más emocionante. Pues bien, dicho esfuerzo te hará sentir extremadamente cansado. Otro ejemplo; digamos que estás en una clase, y el profesor está hablando en voz baja y lánguidamente, pero te obligas a escuchar de todos modos porque esa materia será motivo de examen: es probable que te duermas en tu asiento. (A menudo he observado que casi la mitad de un auditorio completamente lleno y bien descansado se queda dormido en una conferencia especialmente aburrida.) En otro supuesto, digamos que estás dentro del despacho de un hipnotizador, mirando su reloj de bolsillo dorado columpiarse monótonamente frente a tu cara, pero no puedes apartar la mirada o, de lo contrario, este hombre intimidante te regañará por apartar la vista del reloj; usted, precisamente como pretendía el hipnotizador, se sentirá increíblemente cansado. (Por el mismo efecto, en un reciente crucero de observación de ballenas en el que participé fui testigo de que, casi todo el barco, unos sesenta turistas bien descansados estaban completamente dormidos después de alrededor de una hora de mirar fijamente el océano, que oscilaba monótonamente, esperando ver una pequeña ballena jorobada que salía a la superficie cada cinco o diez minutos). Es esta faceta poco reconocida de la mente humana la que los hipnotizadores usan secretamenteo al pronunciar un discurso hueco, sin sustancia, con voz lenta y monótona; haciendo que las personas se centren en el movimiento rítmico, o la quietud completa, de un objeto inanimado; o haciéndoles realizar una tarea tediosa y sin sentido, como contar desde abajo hasta cincuenta, para inducir un intenso cansancio.

Este es el mismo efecto que puede ser responsable de que Fernando se abandone al sueño y se quede dormido. Si una parte importante de la rutina diaria de Fernando lo está cansando en la forma descrita anteriormente, está prácticamente garantizado que acabará durmiendo más de lo que debería. Y esto es lo que caracteriza al trabajo de Fernando. Como ya sabemos, el disfrute que una persona experimenta al desempeñar una actividad depende en gran medida de su capacidad para participar en ella. Y cuando su capacidad de atención disminuye en el transcurso de un día, por la razón que sea, también lo hará su capacidad para participar en una tarea mentalmente exigente. Dado que Fernando trabaja desde su casa en su computadora, podría estar forzándose a sí mismo a seguir trabajando, incluso después de que su capacidad de atención ya no pueda manejarlo, y el proceso se vuelva aburrido e intratable. Esto seguramente acrecentará su cansancio, y cuanto más tenga que luchar por mantenerse activo, más cansado se sentirá. No hay nada tan psicológicamente agotador como tratar de llevar a cabo con éxito una tarea intelectual que se ha vuelto, al menos por el momento, demasiado difícil mentalmente.[69]

Las personas que tienen un trabajo de oficina de nueve a cinco también experimentan cansancio debido a circunstancias análogas. Pero como no tienen la oportunidad de conciliar el

---

[69] Y esto tiene perfecto sentido evolutivo. Después de todo, es el sueño el que rejuvenece la capacidad de atención de uno y, por lo tanto, restablece la capacidad de participar en una tarea mentalmente exigente.

sueño en su oficina, encuentran de modo natural otras formas de sobrellevar el cansancio en el trabajo (generalmente por medio del café), y llegar al final de sus días de trabajo de una manera más o menos productiva. (O, si se les asigna una tarea que deben completar antes de la fecha límite, es su ansiedad la que los motivará a permanecer despiertos).

Fernando, por el contrario, trabajando en su apartamento no lejos de su cama, y siendo libre de establecer su propio horario, no tiene impedimentos para satisfacer su cansancio con el sueño, y por lo tanto puede realizar su trabajo en varios periodos de tiempo, entre las siestas, sin apenas apreciar el tiempo útil que le acaba robando su sueño. (Personalmente experimenté algo así cuando una vez decidí que iba a dedicar todo el día, durante varios días, exclusivamente a leer "Los miserables", hasta que finalizara el libro. Sin embargo, tuve que abandonar este experimento después de dos o tres días porque de repente me encontré durmiendo casi catorce horas al día. El libro simplemente no pudo mantener mi interés por más de algunas horas seguidas, y cuando trataba de continuar algo más, no podía resistir la abrumadora atracción hacia el sueño.) Si este es el caso de Fernando y su trabajo, o si el cansancio proviene de alguna otra fuente, se trata de una gran fuerza inductora al sueño. Si el cansancio es causado por su trabajo, su ocio o sus hábitos alimenticios (y sabemos que comer en exceso es una causa común de cansancio, al menos en parte porque restringe la capacidad de atención desviando el flujo de sangre del cerebro), deberíamos aconsejar a Fernando a que comience a observar las cosas que lo cansan, y dejar de hacerlas en el momento en que se vuelvan desagradables. Deberá procurar que sean más agradables por medio de las técnicas de motivación mencionadas anteriormente, o simplemente salir de su casa cada vez que comience a sentirse cansado, de modo que no tenga posibilidad de volver a la cama.[70]

---

[70] Además de esto, estaría bien que Fernando se diera cuenta de otros dos tipos de cansancio puramente físico: (1) cansancio del cuerpo y (2) cansancio de los ojos. Al igual que el primer tipo de

Pero el estilo de vida sedentario de Fernando no necesita incluir ninguno de dichos factores somníferos para abandonarse al sueño y que el resultado sea un pobre día laboral de unas once horas. El solo hecho de que el sueño sea placentero

---

cansancio, que podemos llamar cansancio de la mente, cada uno produce una clara sensación de desagrado, que como mejor se alivian es durmiendo, y por lo tanto son poderosos inductores al sueño. El cansancio del cuerpo es causado por un esfuerzo excesivo de los propios músculos, lo que les causa dolor con movimientos adicionales y motiva a la persona a quedarse quieta y a descansar, lo que con frecuencia la lleva a dormir. (Es poco probable que sea el problema en el caso de Fernando, ya que pasa la mayor parte del tiempo en su casa. Pero si se esfuerza demasiado cada vez que visita el gimnasio, podría ser un factor que contribuya a su exceso de sueño. En este caso, tendríamos que aconsejar a Fernando que lo tome con más calma, o que haga ejercicio al final del día, justo antes de que se vaya a dormir de forma natural). El siguiente tipo de cansancio físico, cansancio de los ojos, es el resultado de trabajar en exceso o forzarlos, bien sea por una exposición prolongada a la luz brillante (como el sol o la pantalla de una computadora), bien al realizar tareas ópticamente extenuantes (como leer letras muy pequeñas o sin la adecuada prescripción de gafas), o bien simplemente por usar los ojos de modo natural en el transcurso de un largo día. Las secuelas son una sensación de ardor o dolor en los ojos, o una pesadez en los párpados, que hace que una persona no desee nada más que recostarse y descansar los ojos, lo que casi invariablemente la lleva a dormir. (Esta podría ser una de las principales causas del cansancio de Fernando. De ser así, sería extremadamente fácil de corregir, como obtener un par de gafas nuevas, colocar cortinas en las ventanas o atenuar el brillo de la pantalla de su computadora. Los hipnotizadores hacen un amplio uso de estos tipos de cansancio también, como cuando instruyen a sus sujetos para levantar un brazo y mantenerlo elevado durante unos minutos; o para enfocar sus ojos en algo que no está directamente enfrente de ellos, rastreándolo solo con sus globos oculares, mientras sus cabezas permanecen perfectamente quietas (esto también produce una tensión inmensa en los ojos). [Fin de la adición de 2017]

por sí mismo, sin que el cansancio tenga que desempeñar ningún papel, es más que suficiente para hacer que Fernando se recree en ello, es decir, como una forma de obtener placer, en lugar de aliviar o evitar la incomodidad. Y, en ausencia de otras fuentes significativas de cansancio, podemos suponer que esta es la motivación principal de Fernando para incumplir con tanta frecuencia.

Con un solo vistazo al paisaje motivacional de Fernando, podemos ver qué condiciones serían las que le llevaran a dormir sobreponiéndose a casi todas las demás actividades placenteras. El mayor problema que Fernando tiene sin duda es que el sueño es demasiado accesible para él. En todo el tiempo que pasa en su departamento, que parece ser la mayor parte de cada día, su cama está justo al lado de él, y constantemente tiene la opción de dejar lo que sea que esté haciendo y hundirse en ella. Y hacerlo no requiere prácticamente ningún esfuerzo para Fernando, lo que significa que es una actividad completamente desprovista de energía de activación.

Entonces, sabemos que para Fernando la actividad del sueño es placentera, no requiere esfuerzo para comenzar y casi siempre está disponible. Sin embargo, no es solo eso lo que le lleva a pasar tanto tiempo en la cama. De hecho, hay una enorme cantidad de personas que viven en las mismas condiciones y no caen en este mismo comportamiento. La diferencia radica en, asumiendo que el cansancio no es el principal culpable, la motivación para alcanzar los beneficios derivados de cumplir con sus compromisos tomando acción. Ese es el único aspecto motivacional que aún tenemos que considerar. Y vamos a poder ver con facilidad que también gobierna a favor del sueño en lugar de hacerlo en contra.

En primer lugar, sabemos que incluso después de tener en cuenta las horas extra de sueño de Fernando, todavía dispone de mucho tiempo para cumplir con todas sus obligaciones, dedicarse al ocio en varias formas, y tener una buena cantidad de tiempo libre restante. Por lo tanto, no hay consecuencias físicas para el sueño superfluo de Fernando, nada que lo altere, nada que le cause ansiedad y le impidiera dormir, o sacarlo de la cama. Puede que Fernando sienta un poco de vergüenza por haber matado ese tiempo extra para dormir, después de todo, desaprueba conscientemente la situación, pero eso claramente no proporciona suficiente efecto negativo como para superar el placer físico que le produce el sueño.

La única motivación de importancia significativa que tiene Fernando contra el sueño es su costo de oportunidad: las cosas en las que podría estar invirtiendo su tiempo en lugar de dormir. No parece que Fernando tenga muchas actividades que le apasionen o entusiasmen, y que valore mucho más que dormir. Pero incluso si lo hiciera, se da el hecho inevitable de que todas estas actividades requerirían una cantidad de esfuerzo o energía de activación significativamente mayor que irse a la cama. Involucrarse en tales actividades requeriría desplazarse, salir de la casa, hacer algún otro tipo de esfuerzo, mientras que quedarse en la cama continuará sin requerir ningún esfuerzo y, al menos en ese aspecto, es la alternativa más atractiva. Por esa razón, en tanto en cuanto el dormir siga siendo la actividad placentera más inmediata para Fernando, esta seguirá siendo, también, uno de los apoyos más importantes para su vida.

Entonces, ¿cómo podríamos poner remedio a esta situación? ¿Queremos que Fernando opte por dormir menos a menudo, y despertarse antes? Bueno, si ese es el objetivo, la primera opción es conseguir que el proceso físico del sueño sea menos placentero, reemplazando el colchón por una fina colchoneta sobre el suelo; o reemplazando sus finas sábanas por otras gruesas, que le produzcan cosquillas o sean malolientes; o sustituyendo sus almohadas por otras más duras, más pequeñas y menos cómodas; o tal vez deshacerse de sus almohadas por completo. Aunque esto podría funcionar en casos extremos, sus inconvenientes pueden superar fácilmente sus beneficios ya que una cama menos cómoda podría hacer que Fernando tenga una noche de sueño menos reparador, lo que seguramente podría hacer que se quedara en la cama más tiempo todavía. (De hecho, no dormir lo suficiente, ya sea por razones físicas, mentales o biológicas, puede ser la primera causa del exceso de sueño de Fernando).

La segunda opción que podríamos manejar es hacer que el

acto preliminar de meternos en la cama requiera más esfuerzo. Podemos, por ejemplo, aconsejar a Fernando que, cuando se levante, deshaga totalmente su cama y la llene de cosas, por lo que deberá dedicar un buen rato para arreglarla antes de acostarse; o, también, podemos aconsejarle que sea su cama la parte superior de una litera, por lo que tendría que subir para meterse en ella. Ahora bien, desordenar su cama todas las mañanas requeriría esfuerzo; y si, además, hacemos que acceder a su cama sea más difícil, el esfuerzo será demasiado grande. Por tanto, no, nuestra mejor propuesta habrá de ser cambiar drásticamente la vida de Fernando.

En lugar de lograr que Fernando pase menos tiempo en su cama, podremos lograr los mismos resultados si, en términos más generales, conseguimos que pase menos tiempo en su apartamento. El procedimiento, sin embargo, seguirá siendo el mismo: hacer que la casa de Fernando sea menos placentera. El mayor problema que tiene Fernando es que muchos de los placeres que busca, aparte del sueño, también se encuentran en su cama. Ya hemos visto que pasa gran parte de su tiempo libre leyendo y viendo la televisión desde su cama. Lo terrible es que estas actividades desembocan directamente en el sueño, ya que, cuando se aburre de ellas, dormir es la opción más fácil, disponible y placentera que tiene. Eliminar esos placeres de la casa de Fernando debería suponer que buscara la diversión en otro lugar y, por lo tanto, no supusiera ir a la cama con tanta facilidad. Cuanto menos confortable sea el apartamento de Fernando para satisfacer la búsqueda inconsciente de placer, más probable será que lo busque fuera de él.[71]

---

[71] (Adición de 2017): Otro factor, del que no sabía nada cuando escribí esto por primera vez, es que la misma postura de acostarse, es decir, de estar en posición horizontal, ejerce una influencia psicológica única en la mente de una persona, predisponiendo genuinamente a que se canse, cierre los ojos y se duerma, de modo que nunca optará por sentarse, ponerse de pie o caminar. Si estás leyendo un libro aburrido mientras estás en la cama, por ejemplo, sufrirás una hipnosis profunda hasta que te sientas dormido; pero si estás

Una vez que nos deshagamos de la televisión de Fernando, de sus libros (o al menos la iluminación que tiene para leerlos), así como de cualquier otro placer fácilmente disponible que haya en su casa, el abandonarse al sueño dejará de ser una perspectiva atractiva para él, ya que, en ausencia de todas esas otras actividades placenteras que lo facilitan, el placer que puede brindarle es realmente minúsculo. Su sueño competirá frente a todas esas actividades altamente placenteras, y Fernando se verá obligado a elegir entre ambas posibilidades de obtención del placer, en lugar de que las dos se alíen para que Fernando acabe durmiendo. Sin importar si esto es suficiente para sacar a Fernando de su casa, un gran consejo que podemos darle, en cualquier circunstancia, es no trabajar donde duerme.

Incluso si Fernando no tuviera que hacerlo, dejar su apartamento para trabajar desde una oficina o biblioteca sería muy efectivo para mantenerlo alejado de la cama durante gran parte del día. Sería mejor aún si esa oficina estuviera a una distancia considerable de donde él vive, lo que supone que el regresar a casa para echar una siesta rápida sea algo bastante desalentador. Asumir otras obligaciones que lo saquen de casa tendría un efecto similar como, por ejemplo, inscribirse en un curso pagando por adelantado.

También puede resultar útil si Fernando se muda de apartamento a otro lugar de residencia, preferiblemente con compañeros de piso o una novia. Esto tendría un beneficio doble, al someter su comportamiento al escrutinio de los demás y, por otro lado, proporcionarle una compañía accesible, con la que pueda pasar un rato agradable fuera de su cama, incluso estando en su casa. Llegado este punto, podemos estar

---

leyendo ese libro sentado en tu escritorio, el efecto hipnótico será mucho más débil. (Si alguien está leyendo un libro de pie, por supuesto, este efecto será aún más débil, y todavía mucho más débil si lo hace mientras camina). En este caso, el consejo clave es evitar hacer el trabajo aburrido, esforzado, o incómodo (o que pueda acabar siéndolo) para evitar el abandono al sueño.

seguros de haberle dado a Fernando el mejor consejo posible y haber completado este último capítulo.[72]

Conclusión

Espero que, tras finalizar la lectura de este libro, el lector haya adquirido una comprensión valiosa de las fuerzas motivacionales que entran en juego en su propia vida, y pueda, en el futuro, aplicar los métodos que se han detallado aquí, así como los consejos que se dieron a nuestros cinco personajes, a sus propias experiencias. Ahora bien, estos métodos son solo ayudas, apoyos en las áreas de nuestras vidas en las que, frecuentemente, carecemos de una pasión intensa que se

---

[72] Hay, por supuesto, otros factores que no hemos tenido en cuenta sobre la tendencia de Fernando al sueño. Ciertamente, es verdad que durmiendo en exceso de manera crónica, como lo hace Fernando, la persona esté cada vez más cansada, y le lleve a dormir la misma cantidad al día siguiente y al siguiente, en un ciclo que se perpetúa. Podríamos pensar entonces que romper por la fuerza este ciclo, durmiendo solo un tiempo regular durante varios días, se podría remediar la situación de Fernando. Si bien esto es cierto, no servirá de mucho si las condiciones iniciales que llevaron a Fernando a iniciar este ciclo siguen siendo las mismas: una vez que logre romper el ciclo, su situación inevitablemente lo convencerá una vez más para que duerma esas pocas horas extras, comenzando el ciclo de nuevo.

También es posible que Fernando, en virtud de su disposición genética, sin tomar en consideración cualquier factor extraño en su entorno, experimente un cansancio natural más intenso que la mayoría de las personas. Por supuesto, esto lo llevará a dormir más que la mayoría. En este caso, habrá que conseguir que otros efectos negativos que compiten con su cansancio—como la ansiedad por ir a trabajar o cumplir otras obligaciones—sean más intensos de lo habitual y también estén presentes durante más tiempo, para que su rendimiento sea aceptable. Pero aun así, tan pronto como esas obligaciones se relajen, Fernando nuevamente se verá arrastrado a dormir en exceso. Si realmente se trata de genética, es casi inevitable que Fernando simplemente sea alguien que duerma más tiempo que la persona promedio. (El café podría ayudar.)

extienda mucho más allá del acto mismo, y se convierta en un aspecto verdaderamente importante y lleno de entusiasmo de nuestras vidas.[73]

Siempre debemos buscar nuestra vocación en la vida, algo que nos llene de pasión y emoción. Nada puede rivalizar contra la motivación que experimenta una persona que disfruta y se beneficia de lo que hace. Y los mejores momentos son aquellos en los que nuestras metas y motivaciones se alinean a la perfección, cuando somos impulsados sin esfuerzo y sea imposible desviarnos de nuestro camino.

Pero tales cosas son difíciles de encontrar y, aun encontrándolas, es inevitable tener problemas y momentos de desmotivación. Incluso el hombre más hambriento de autorrealización, impulsado y motivado encontrará áreas y momentos en su vida donde su motivación es insuficiente, o está ausente, puede obtener grandes beneficios a partir de la aplicación de los métodos aquí descritos.

Lo mejor es seguir nuestras pasiones, encontrar las cosas que amamos y nunca dejar de buscarlas. Pero la vida siempre tendrá sus inconvenientes y sus obstáculos, y lo que no podamos alcanzar volando, deberemos hacerlo cojeando.

---

[73] Una persona apasionada por un tema y ansiosa por manifestar sus puntos de vista sobre el mismo, no tendrá ningún problema en escribir un artículo sobre ello (especialmente en sus propios términos), y una persona impulsada poderosamente para sobresalir en las artes marciales no quedará paralizada ante la idea de ir al gimnasio.

Para saber más sobre el autor:

Visite: www.RomanGelperin.com

o bien: www.facebook.com/romangelperin

o enviarle un correo electrónico a:

romangelperin@gmail.com

www.ingramcontent.com/pod-product-compliance
Lightning Source LLC
Chambersburg PA
CBHW061813250726

48657CB00001B/414